L'ÉCONOMIE DES MÉNAGES.

AUX PERES DE FAMILLE.

L'EMPIRE qu'usurpe l'habitude ; la tyrannie qu'exerce l'usage ; l'ascendant, en un mot, des vieilles erreurs sur l'esprit de la plupart des hommes, sont autant d'obstacles à combattre, lorsqu'on a le courage de s'écarter des routes ordinaires : les innovations même les plus sensées, les révoltent et les blessent. *Voyez le Dictionnaire de l'Encyclopédie, à la lettre* E, *au mot* ÉCURIE.

Mais aujourd'hui que chacun cherche la vérité, que la Nation française, la premiere, porte dans tous les cœurs le flambeau de la lumiere la plus pure : dans ce tems si désiré où les auteurs sans gêne, sans une basse complaisance, sans aucune épître dédicatoire, peuvent dire tout ce qu'ils croient ; enfin sur la fin révolutionaire de ce siecle, où dégagé de tous priviléges, de tous censeurs, des intrigans et jaloux, les écrivains ont la liberté de la presse et de leurs opinions, je pourrai donc communiquer à mes compatriotes ma pensée et mes principes, étayés par mes expériences !

J'attaque l'antique usage dont on s'est servi jusqu'à ce jour pour chauffer les appartemens, et pour faire les ménages : j'attaque l'ignorante et perpétuelle habitude d'appliquer les cheminées contre les murs ; j'attaque l'art, ancien et nouveau, de distribuer l'intérieur des maisons : j'attaque à-la-fois toutes les méthodes dont on s'est servi pour la construction des logemens personnels, et de ceux des animaux : (méthodes souvent bonnes, mais mal appliquées, ou trop dispendieuses pour la courte postérité de chaque pere de famille).

C'est dans cette lutte générale que j'invoque la céleste vérité : la trouverai-je dans l'intérêt particulier ? Le lecteur integre et judicieux n'ignore pas que je ne saurois m'y attendre ! Il prévoit au contraire la persécution dont je vais être de nouveau la victime, pour avoir osé combattre et détruire les vieilles coutumes que l'on suit généralement encore aujourd'hui pour nos plus urgens besoins, tels que ceux dont nous ne saurions nous passer chaque jour de la vie.

Les Français, je l'espere, m'aideront, parce qu'ils ont eu le courage de secouer tous les vieux préjugés : il ne leur suffit pas, comme aux autres peuples, qu'on vienne leur dire que de tous les tems on a bâti de la même maniere les maisons ; qu'on a poussé la distribution des logemens à un suprême dégré ; qu'on y fait commodément la cuisine ; qu'on y construit parfaitement les cheminées, les poëles, les fourneaux, les fours : non, ces dignes et éclairés révolutionnaires ne se contenteront point de ces futiles et habituels raisonnemens. Ils savent déjà que les habitans des pays les plus froids, qui ont voyagé en France, ont été grandement étonnés de ne pas trouver dans nos habitations, où le climat est tempéré, la même chaleur qu'ils ont l'art de se procurer dans le Nord. Ils savent aussi que ceux qui habitent les autres parties du monde, ne peuvent endurer les incommodités de nos maisons : ainsi tout me donne lieu de croire que mes compatriotes daigneront examiner attentivement mon traité sur la nouvelle architecture que je vais faire de suite, *in-4°.* par la raison que je ne saurois insérer de grandes planches gravées, dans un plus petit format.

Comme l'objet principal que je traite dans ce cahier, concerne le feu journalier que l'on est nécessité de faire dans les maisons pour la nourriture et le chauffage, j'ai lieu d'attendre de la convention nationale un secours annuel pour m'aider à faire graver et imprimer, publier et entretenir une très-grande correspondance, parce qu'il est de l'intérêt de toutes les municipalités de l'Empire, que j'enseigne l'art d'économiser le bois. Alors les représentans de la nation n'écouteront plus ces clameurs de tant d'écrivains sur la disette prochaine du bois en France, par la raison que des millions de feux qui s'éclairent chaque jour dans une si grande multitude de ménages répandus sur notre territoire, épargneront journellement des millions de voies de bois, au moyen de mes nouveaux chauffoirs : qu'on y ajoute les familles mieux logées, les enfans plus robustes ; et n'est-ce pas ce qui manque à la race des Français, pour avoir par la suite une plus forte et vigoureuse constitution ? Qu'on y ajoute encore une dépense superflue et en pure perte pour la nation, que font continuellement ces millions de ménages pour leur nourriture et leur entretien ? et l'on trouvera que mon traité est indispensable aux peres de famille pour pouvoir payer leurs contributions, et l'est de même au gouvernement pour les multiplier ! Qu'on y ajoute enfin le cruel embarras des laboureurs dans les pays où le bois manque totalement, et l'on reconnoîtra encore que mon chauffage économique est de la plus grande importance pour soulager l'humanité souffrante ? Car dans ces malheureuses contrées où l'on ne fait cuire le pain et les mets qu'avec de la paille, des bruyeres, même des bouses de vache ; chaque agriculteur et artisan pourra y parvenir plus efficacement avec ces mauvais combustibles, en faisant construire le nouveau chauffoir que j'indique ; et après avoir fait son pain, apprêté ses mets, en un mot, après sa cuisine faite, chaque famille profitera d'une chaleur douce et suffisante pour ne plus souffrir du froid ni d'humidité.

La municipalité de Paris avoit proposé un prix qu'elle devoit remettre à celui qui lui donneroit les meilleurs moyens d'épargner le bois de chauffage : à cet effet elle avoit chargé la société, ci-devant royale d'agriculture, de juger les concurrens. Je me suis présenté pour concourir à ce programme, non par de vains mémoires, plans ou manuscrits, mais par expérience et à visage découvert. Cette société avoit accepté ma proposition : mais comme elle ne tient plus de séances, j'en appelle à l'opinion publique pour juger si j'ai mérité ce prix. Ce qu'il m'est permis de dire en ma faveur, c'est que j'ai pour moi une suite d'expériences : pendant les années 1789 et 1790, ma famille s'est servi avantageusement de ce nouveau chauffoir, et comme je viens d'avoir le bonheur de le reconstruire pour faire passer chaudement l'hiver de 1792 à

1793 à mes enfans, dans ma nouvelle demeure, rue du fauxbourg Saint-Honoré, n°. 108. J'invite toutes les personnes qui se trouveront à Paris, de venir voir ce modele, et par-là s'assurer de l'économie de sa construction , du peu de bois qu'il consomme chaque jour, et de divers avantages que nous en retirons à tout moment pour un gros ménage tel que le nôtre, puisqu'il est composé de huit personnes. D'après ces faits , je réclame la priorité de l'invention, et je dois attendre de tous les chefs de famille qui vont faire construire mon nouveau chauffoir, d'intercéder auprès de la convention nationale pour un artiste qui sacrifie son talent , sa fortune, et entiérement son tems pour les servir.

INTRODUCTION.

IL est impossible de décrire tous les besoins des ménages, parce que leur différence est infinie : les uns, qu'on appelle *gros ménages*, exigent de grandes constructions, de forts et nombreux ustensiles, et des arrangemens considérables : les autres, qu'on nomme *médiocres ménages*, obligent à faire ces constructions, ustensiles et arrangemens dans un genre convenable à l'économie ; et *les petits ménages* forcent à ne faire que ce qui est absolument le pur nécessaire. Il résulte de ces gradations, à commencer depuis le gros ou prodigue ménage, jusqu'au plus mesquin, des compositions d'une infinité de nuances, par conséquent une difficulté presqu'insurmontable d'en donner les dessins, les devis et les modeles.

Comme les médiocres et petits ménages, chez chaque nation, sont le plus en usage, et que l'économie subordonnée au peu de fortune des habitans, commande impérieusement qu'ils s'y soumettent, je dois m'attacher à servir cette classe du peuple la plus utile, puisqu'elle forme dans le fait plus des trois quarts de chaque société ou peuple.

Avant cette révolution, les gens aisés avoient tort de croire que les pauvres, accoutumés à une vie dure, n'avoient besoin d'aucune des aisances qu'ils se procuroient : il est certain qu'il faut aux individus du plus petit ménage, outre leurs commodités pour les besoins de la vie, quelques agrémens de plus pour pouvoir supporter patiemment leurs pénibles travaux. Ce sont ces agrémens que j'espere leur procurer, et je me fais fort d'en venir à bout. Pourquoi n'y parviendrai-je pas ? Lorsqu'un prince, tel que Henri IV, y pensoit, en disant : *ventre-saint-gris, je veux que le moindre de mes sujets mette la poule au pot le dimanche* ; et moi j'ajoute, que les pauvres gens peuvent se donner tous les jours quelques douceurs, lorsqu'ils apprendront la maniere de se les procurer sans augmenter leur dépense ordinaire.

Avec la meilleure volonté, les princes n'ont pu rendre les peuples heureux : leurs ministres, qu'ils ne savoient pas choisir, oublioient les soins les plus précieux dont ils les chargeoient : la fausse éducation qu'on donnoit à ces derniers, leur faisoit ignorer jusqu'au choix des artistes dont ils devoient s'investir : on ne songeoit qu'aux embellissemens, qu'aux décorations les plus magnifiques, et on laissoit les pauvres gémir dans leurs réduits. Ces agens du pouvoir suprême consultoient seulement les académies, et ne pensoient pas qu'il y eût des ouvriers très-capables de les éclairer sur la cause des miseres publiques.

Qu'il me soit permis de faire encore remarquer que ce n'est point l'intendant de Picardie qui m'a appellé dans cette ci-devant province ! Si mon zele, outre la gloire d'être utile à l'état, et l'espérance de voir ma famille un jour dédommagée de mes dépenses, ne m'a voient pas fait transporter de villages en villages pour m'assurer des causes qui les faisoient dévorer par le fléau des incendies ? Je n'aurois jamais pu connoître la triste situation des misérables habitans, le vice de leurs constructions, et le moyen d'y remédier !

Il est tems que je mette au jour le recueil de tous les relevés que j'ai pris dans les campagnes en les visitant : ce n'est pas le pisé seul que je dois propager : mon ouvrage seroit insuffisant si je m'en tenois à cet art, quoique précieux. Le grand art de l'incombustibilité ne gît pas seulement à supprimer les bois des murs et des cloisons, mais plus essentiellement des planchers et des toits : et ce n'est pas encore par ces divers enseignemens que je porterois à la perfection mon traité ? Il convient que je discute en entier la composition et la distribution des bâtimens, et que je suive pas à pas leurs formes suivant l'usage, auquel celui qui aura à bâtir, les destinera : autrement, j'exposerois le public à des dépenses superflues qu'il fait toujours sans s'en appercevoir.

D'après cet apperçu, le lecteur ne sera sans doute pas surpris si je vais entrer dans des détails les plus minutieux : prévoyant l'immensité des articles de dépenses que j'ai à estimer et à diriger, je vais me trouver dans la nécessité d'effleurer la conduite morale que doit tenir chaque famille, afin qu'elle puisse parvenir à se préparer un bien-être d'où dépend quelquefois la plus brillante fortune : ou ce qui est le plus cher, le repos et la paix des ménages.

Si je n'écoutois que mon intérêt particulier ? j'abandonnerois ce projet de completter mon traité qui doit être utile à la révolution, aux patriotes et à leur postérité ! mais plus que persuadé du tort que je ferois à la nation française, mon devoir et ma conscience me disent intérieurement de n'en rien faire, dût-il m'en coûter encore les plus grands chagrins ! ma famille, elle-même, dût-elle en être la triste victime ! Il me suffit de savoir que je fais réellement le bien de toutes les sociétés populaires ; d'être assuré qu'aucun architecte avant moi, ne s'étoit occupé de la cabane des pauvres, ni même des logemens des plus riches agriculteurs, pour que je publie ce que j'ai appris par une longue suite d'études et d'expériences.

L'ÉCONOMIE DES MÉNAGES.

Nota. *Ce premier Cahier fera suite à la Ferme, ou Prix remporté à la Société d'Agriculture de Paris, le 28 Décembre 1789, ainsi qu'au Chauffage économique, publié par le même Auteur en 1792.*

ON doit dans les compositions de bâtimens, tour-à-tour, repousser et admettre les quatre élémens, tels que sont le feu, l'eau, l'air et la terre. Tout le monde sait que ces agens du globe nous sont alternativement favorables et nuisibles. La science humaine nous a peu appris à profiter de leur douce influence, et à nous garantir de leur fureur, je vais commencer par le quatrieme élément.

De l'usage de la terre.

J'ai déjà fait connoître l'avantage, que j'ose dire céleste, que peut nous rendre ce quatrieme élément : avec la terre seule, l'homme le plus borné peut se construire lui-même un logement, soit dans les vastes plaines, soit sur les plus hautes montagnes, comme dans les vallées les plus profondes. *Voyez mon traité sur le pisé.* C'est cependant à l'aide de cet art admirable, comme l'est celui des hirondeles pour la construction de leurs nids, qu'il est facile à tous les habitans, même aux sauvages, s'ils le savoient, de se former, sans extraction, transport ni préparation de matériaux, des réduits à volonté, à l'heure même ; car une horde de tartares, une troupe de soldats, une communauté d'habitans sont les maîtres, avec leurs seules mains, de bâtir en très-peu de temps des remparts imprenables ; les coups de fusils, ni même les boulets de canon ne sauroient détruire ces constructions, quoiqu'élevées avec la terre seule ; il est essentiel, en passant, de rapporter une épreuve que je viens de faire faire dans l'attelier de mon école.

J'ai fait tirer plusieurs coups de fusil sur mes murs de clôture en pisé que j'avois fait connoître en 1789. Voici l'effet qui en est résulté.

A 18 toises de distance, les bales de chaque coup de fusil sont seulement entrées dans le mur de terre d'un pouce et huit lignes : à 22 toises, elles sont entrées d'un pouce et six lignes : et à 26 toises, elles ne sont entrées qu'à un pouce et quatre lignes. Mais ce qu'il y a de bien remarquable, c'est que toutes ces balles de plomb se sont applaties ! La figure qu'elles avoient prise, après les coups tirés, étoit parfaitement semblable à des petits biscotins que font les confiseurs ou pâtissiers. Les trous de ces bales dans le mur de terre ou pisé, étoient parfaitement ronds et d'environ un pouce et demi de diametre. J'ai trouvé ces balles de plusieurs manieres : les unes au pied du mur, d'autres à 6 à 7 pouces loin de ce mur, enfin d'autres ont été trouvées dans le mur même, enterrées, comme je l'ai dit ci-devant, d'environ un pouce et demi, de profondeur moyenne : je conserve soigneusement ces balles applaties pour les faire voir aux ingénieurs d'artillerie et à tous ceux qui, s'intéressant au bien de la chose publique, viendront visiter mon école.

Il résulte de cette nouvelle expérience, que des maisons de terre sont à l'abri des coups de fusil, et qu'il est de la plus grande importance de faire mettre en pratique ces sortes de constructions par tous les pays. Cependant les logemens que l'on fait, sur-tout dans le nord, sont tous en bois et en torchis : rien n'est plus dangereux pour ceux qui les habitent : des balles ne peuvent-elles pas aisément traverser les murs de 2 à 3 pouces seulement d'épaisseur, et aller blesser, même tuer les personnes qui y sont dedans ? Qui sait, s'il n'arrive pas dans les contrées où la guerre se porte actuellement, de pareils malheurs ? Bien mieux, n'apprend-on pas tous les jours les désastres de quelques villages, par le feu que les ennemis y mettent ? S'ils étoient construits ainsi que les bourgs, en murs de terre, je défie au général d'une armée, le plus cruel, de pouvoir les incendier ? L'ordre prompt qu'il donne d'aller mettre le feu à un hameau ou village, seroit vain : pour pouvoir le détruire, il faudroit quantité de bras, de pioches et de pelles pour démolir ; encore cette troupe de soldats n'en viendroit-elle à bout qu'avec un temps infini, parce que la démolition des bâtimens est toujours difficile; et le pisé larendroit encore plus longue que celle qu'on emploie pour la maçonnerie ; il est aisé de le concevoir ; avec des pinces et des pioches, on peut enlever les pierres les unes après les autres, tandis que le pisé ne donne point cette facilité : à peine un ouvrier avec les mêmes outils de fer, peut-il faire partir quelques éclats de pisé; ainsi les peuples éclairés par la révolution, doivent s'éclairer de même dans leurs vieilles routines; en secouant les vieux préjugés, ils échangeront leurs habitations où ils souffrent tous les maux, contre d'autres logemens où ils seront commodément, et où leur vie sera à l'abri des incendies des maux de la guerre.

L'expérience que je viens de rapporter m'a fait désirer d'essayer le canon sur mes murs de terre : mais je n'ai pu encore en obtenir la permission, et je prévois que le boulet y feroit seulement son trou dans un mur de 18 pouces d'épaisseur, tandis qu'à un mur de pierres, il feroit un ravage considérable, en ébranlant par une forte secousse, toute la longueur de la maçonnerie : de maniere qu'un coup de canon tiré à travers une maison de terre n'y feroit de mal qu'à ce qui se rencontreroit dans sa direction ; et les personnes qui seroient dedans, si elles avoient le bonheur de ne pas se trouver vis-à-vis, en seroient quittes pour la peur.

Je dois terminer cette observation par dire qu'il seroit bien à souhaiter que les personnes en place fissent faire des murs de pisé de différentes épaisseurs, à l'effet d'éprouver le canon: on jugeroit alors quelle épaisseur seroit suffisante pour empêcher au boulet de la traverser, et ces épreuves, qui coûteroient si peu, épargneroient cependant aux français trois à quatre millions de dépenses pour faire construire une place fortifiée.

Déjà un de mes éleves, qui s'est ensuite mis dans le génie, a profité de mes leçons : il s'est avisé de dessiner un projet d'une ville fortifiée, et l'a défendu, non pas avec la maçonnerie en pierres trop coûteuse, ni avec la maçonnerie en briques encore plus dispendieuse, mais avec le pisé seulement : il a présenté son plan à l'académie des sciences, et a soutenu qu'une pareille construction étoit infiniment meilleure que celles que l'on a fait

jusqu'à

jusqu'à présent avec des frais énormes ; qu'il y avoit par son idée, plus des deux tiers d'économie, plus de solidité, enfin qu'il seroit impossible aux ennemis les plus vaillans de prendre une ville ainsi fortifiée.

Pour appuyer ce jeune homme, je dois ajouter que le citoyen Belair, ingénieur du camp de Paris, est venu me trouver pour s'assurer de la bonté de mon art : il a ensuite rapporté dans ses différens ouvrages sur la défense et l'attaque des places, le bien qu'il en résulteroit pour une nation, si elle faisoit mettre en pratique l'art du pisé, et sur-tout, si elle l'appliquoit à tous les travaux de la guerre. Animé du plus pur patriotisme, cet ingénieur a voulu que j'employasse le pisé au camp de Paris, sous Montmartre ; nous allions faire construire par cette méthode diverses constructions, lorsqu'on a supprimé ces travaux, comme inutiles à la défense de la capitale : je n'ai donc pu commencer qu'un corps-de-garde à la seconde redoute ; mais que les ingénieurs économes du bien public, veuillent bien ne pas oublier les grands avantages que produira par la suite ce procédé économique, et ils seront chéris de la patrie, puisque, par leurs soins, la France peut devenir imprenable, et par-là supérieure à toutes les nations.

L'Europe a été étonnée, lorsque je lui ai appris qu'il étoit si facile aux hommes de construire les bâtimens avec le seul élément de la terre : elle le sera encore plus de savoir que chaque peuple peut, avec ce simple procédé, se garantir de l'incursion de ses ennemis : ce que j'avance ici n'est point nouveau, puisqu'Annibal, selon Pline, avoit fait construire en Espagne, des murs et tours sur les cimes des montagnes, avec le seul secours du pisé.

Les vastes terreins du congrès de l'Amérique pourroient assurément être divisés par cette méthode : ce seroit assurément le plus sûr moyen d'encourager les personnes qui cherchent à les acquérir, pour les défricher ; comme aussi celui d'en faire augmenter leur valeur : la dépense d'une ligne de mur en pisé, pour séparer les possessions des Américains, est infiniment au - dessous de l'excédent du prix qu'ils en retireroient, par les ventes de leur sol. Les malheureux actionnaires du Scioto et autres lieux, qui ont acheté du terrein dans ces contrées neuves et fertiles, n'auroient plus à craindre de voir piller leur récoltes, détruire leurs nouveaux établissemens, et tuer leur famille par les hordes de sauvages, s'ils pouvoient obtenir du congrès, qui leur a vendu ces possessions, un mur de défense en pisé, fort haut, et épais à proportion.

La France elle-même devroit user de ce moyen pour ajouter à ses limites heureuses, puisqu'elles sont autant inabordables qu'inaccessibles. On sait que la situation de ce pays est presque renfermée par des mers, et par de longues chaînes de montagnes remplies de rochers affreux, et toujours couvertes de neiges. La France ne manque donc de bornes que dans une petite longueur de pays plat ? Ainsi il lui en coûteroit fort peu de faire construire dans les pays bas, une séparation en pisé, qui la clorroit entiérement. Il est possible de faire cette clôture redoutable à nos voisins : les guettes et lanternes qu'Annibal fit élever par cette méthode, nous en assurent. Que pourroient à une pareille et si solide construction les batteries à feu ? les sentinelles n'y seroient-elles pas à couvert des coups de fusil, puisqu'on a vu par mon expérience, que j'ai ci-devant rapportée,

B

que les balles de plomb s'applatissent sur le pisé, tout de même qu'elles le font sur les pierres les plus dures. A l'égard des canons, tout fait présumer qu'ils ne feroient pas ébouler une fortification en terre battue, comme ils renversent les murs les mieux faits de maçonnerie, même ceux de briques : les boullets resteroient dans le pisé, et seroient autant de perdus pour l'ennemi.

On apperçoit, par ce qui vient d'être dit, les sommes énormes que chaque nation a dépensées mal-à-propos, pour fortifier ses places; peut-être est-ce la cause que les rois de l'Europe se sont si endettés; car pourquoi enfouir tant de matériaux de toute espèce, soit dans de profondes fondations, soit à des hauteurs considérables au-dessus, pour construire ces grands et gros murs de remparts ? Cette immensité de chaux, de pierres ou de briques avec le sable si mal-à-propos employée, tourne-t-elle à profit à un peuple? .... ! Je dis plus, cette prodigalité immense, ou consommation de matières ne fait pas même l'avantage des entrepreneurs. Un seul, sous le vieux ministere, avoit l'entreprise d'un ouvrage dont la dépense étoit portée à plusieurs cent mille francs, même des millions ; tandis que mille autres maçons manquoient d'occupations. Indépendamment de cette comparaison de l'intérêt général à l'intérêt particulier, n'est-ce pas un crime de consommer tous les jours sans nécessité, dans toute l'etendue de la France, tant de bois et charbon, pour faire cuire la chaux et les briques ; d'user, au préjudice de tant d'autres arts plus utiles, une grande quantité de fer, de cordages, de bois, de voitures, de chevaux ou de bœufs, pour l'extraction des pierres, leur transport et leur taillage, pour les machines et échafauds, en un mot, pour les nombreux équipages qu'il faut aux gros ouvrages de maçonnerie ? Mais l'on m'opposera que ces travaux occupent beaucoup de bras, ce qui fait subsister quantité de familles ! Je réponds que ces bras seroient plus utilement employés à d'autres rudes travaux. L'agriculture et le commerce, sources de tant de métiers utiles à nos besoins de nécessité et de luxe, sont bien capables de fournir du travail à tous ces ouvriers, dont la plupart quittent les campagnes et les manufactures, pour se rendre dans les villes, où ils vivent plus à leur aise, sans gagner plus, puisque les plaisirs leur emportent tout le bénéfice qu'ils font ailleurs. Le pisé, au surplus, exécuté pour les fortifications, emploiera ces mêmes bras, et la nation y gagnera la fourniture des matériaux que cet art unique lui épargnera ; plus les bois et les charbons qui ne se consommeront pas dorénavant dans des milliers de fours établis par toute la France, pour rendre la pierre en chaux, et la terre en briques ; plus elle économisera les fers, les cordages, les bois de service, les voitures, les chevaux et les bœufs que l'on fera servir à la culture des récoltes, aux fabriques de tout genre; en un mot, la nation fera véritablement le bien en changeant les anciennes règles et les vieux principes établis par différens auteurs pour l'attaque et la défense des places et des armées; et par cette innovation, dont elle ne sauroit trop tôt s'occuper, en fermant l'oreille aux vieux ingénieurs attachés à leur mauvaise routine, elle fera diminuer la cherté du fer, du bois, du charbon, des journées de chevaux, parce que le pisé n'en exige point dans son exécution.

Il n'est pas douteux que chaque individu y trouvera de même son intérêt, en faisant usage du pisé, et il seroit trop long d'en détailler tous les profits que chaque mere de famille peut en retirer ; le lecteur judicieux les rencontrera assez lui-même dans le cours de ce traité.

Nous avons vu que les Français n'avoient pas su mettre à profit les qualités de l'élément de la terre, telle qu'elle existe dans sa nature primitive, pour construire leurs habitations, c'est-à-dire, de l'employer crue, telle qu'on la trouve sous ses pieds, ou à quelque profondeur au-dessous : aussi, il leur en est résulté des maux incalculables : d'abord les premiers habitans de la Gaule, faute de connoissance ou de tradition, commencèrent à abattre les forêts qui couvroient les campagnes, et s'en servirent pour former des réduits dans les déserts qu'ils défrichoient : leurs successeurs, conservant la même méthode, établirent sans retour, dans l'esprit des paysans, l'idée de faire tous les bâtimens en charpente ; delà, obligés de se réunir pour se défendre contre leurs ennemis communs, ils se formerent en communautés : c'est à cette époque qu'on vit naître les hameaux et les bourgades, avec cette assemblage de constructions factices, toutes faites en bois, et couvertes malheureusement en chaume : les hameaux devinrent ensuite villages par l'effet d'une plus grande population ; les bourgades se convertirent en bourg, par l'avantage de leur position qui facilitoit le commerce. Les siecles s'écoulerent pendant l'espace de ces agrandissemens ; et les Français ne s'apperçurent de ces bâtisses si dangereuses au feu, que lorsqu'elles furent la proie des flammes.

Pendant que les habitans du Nord de la France détruisoient toutes leurs forêts, pour multiplier leurs chaumieres, quelques misérables Lyonnais construisoient bien différemment : le quartier de Saint-Nizier, qui n'étoit alors qu'un marais, reçut, par l'heureuse intelligence de quelques ouvriers, des maisonnetes en pisé ; méthode qu'ils s'étoient, sans doute, transmis de pere en fils, depuis que les Romains avoient apporté dans le Lyonnais cet art précieux : aussi voit-on encore, dans ce quartier de la ville de Lyon, une rue qui porte le nom de PISÉ. Depuis lors les Lyonnais ont pratiqué cet art, mais foiblement ; à peine étoit-il connu le siecle passé, et les pauvres, qui bâtissoient ainsi, étoient encore plus méprisés : aujourd'hui même quelques riches de cette ville vous disent naïvement que cette construction ne vaut rien, quoiqu'elle se soit propagée dans les provinces qui avoisinent Lyon.

Les feux s'étant donc considérablement multipliés dans les villages, firent éclater de nombreux incendies dans le commencement de ce siecle. Les ministres et intendans, loin de chercher la racine de ce fléau, se contentoient de donner quelques secours aux malheureux incendiés : ceux-ci entourés de tous les besoins, se pressoient à relever les débris de leurs logemens ; sans guide, sans instruction, et conduits par le vieux usage, ils reconstruisoient de la même maniere en en bois et en paille : qu'arriva-t-il ? les mêmes désastres ! dans l'espace de peu d'années les mêmes reconstructions furent de nouveau la proie des flammes. On a même vu des villages incendiés trois fois dans l'espace de 30 à 40 ans, ce qui alors força le conseil d'état du roi à donner des tuiles aux incendiés. On étoit encore si ignorant en 1787, que le parlement de Paris ordonna que les habitans du bourg d'Oisemont en Picardie, rebâtiroient leurs 210 maisons incendiées à cette époque avec des pignons en briques ; et leurs granges, couvertes en paille, devoient être éloignées du logement personnel de 60 pieds ; comme si ce réglement devoit atteindre la racine des incendies, et mettre en sûreté les nouveaux bâtimens de ce bourg.

L'académie d'Amiens se mêloit aussi de porter le remede contre ce fléau destructeur; parce que, plus que les autres académies, elle se trouvoit dans une position si inquiétante, qu'elle entendoit tous les jours les cris lamentables des incendiés. L'on disoit publiquement aux dures et sourdes oreilles de l'intendant de cette malheureuse province, qu'il ne se passoit pas un seul jour de l'année, qu'il ne brûlât une maison. C'est donc pourquoi ce corps académique publia un programme pour obtenir des moyens sûrs, pour prévenir et éviter les incendies dans sa généralité; mais cette académie et l'intendant vouloient faire le bien public, sans qu'il leur en coutât rien : ma présence, après un voyage long et dispendieux, fut inutile : je laissai cependant, en Picardie, un modele de maison en pisé, et me retirai dans mon pays, à 150 lieues.

Je dois faire remarquer que ce modele de pisé attira tous les citoyens de la ville d'Amiens et de ses campagnes : je ne fus jamais plus surpris de leur étonnement, et je leur répondois que j'étois encore plus étonné de la maniere singuliere qu'ils bâtissoient. Quoi ! la moindre grange qu'ils faisoient élever, ressembloit à une forêt ! c'étoit un assemblage de bois immense, une carcasse de feu de joie : pouvoit-on être surpris, d'après de telles constructions, si les habitans du Nord ont dévasté toutes leurs forêts ? c'est dans cet état que les bourgs et villages d'un si bel empire, tel que celui de la France, se sont construits : des misérables chaumieres où les habitans souffrent toutes les rigueurs des saisons, des réduits très-désagréables aux yeux des voyageurs; des cabanes si mal faites, si mesquines que nous devons rougir de les posséder. Si le vieux régime nous a ainsi déshonoré par une insouciance impardonnable? Il faut nécessairement que la convention nationale s'occupe d'éclairer les habitans de la campagne dans la construction de leurs bâtisses! c'est assurément une des parties les plus essentielles de la nouvelle instruction publique.

En coûtera-t-il autant à la nation, d'instruire les gens de la campagne, que de les soulager après de si nombreux et désastreux incendies qui se manifestent en France ? souffrira-t-on toujours les quêtes de ces malheureuses victimes? J'ai vu l'ancien évêque d'Amiens, lassé de voir continuellement à sa porte les incendiés, rendre un mandement, par lequel il les obligeoit de rester dans leurs paroisses : ce prélat m'avoua qu'il n'avoit plus, comme autrefois, le cœur si sensible à de pareils malheurs, et qu'il s'y étoit habitué par leur fréquence. Mais les représentans de la nation, qui veulent, aiment et font véritablement le bien public, feront porter l'enseignement jusques sous le toît du plus misérable laboureur; à cet effet, ils me permettront d'entretenir gratuitement la grande correspondance que j'ai déjà avec ces pères-nourriciers; par ce secours seul, qu'ils accorderont, d'ailleurs, non à moi, mais à la classe la plus indigente du peuple, je propagerai par-tout l'empire, l'art de bâtir honorablement, quoiqu'économiquement, et à l'abri des incendies : bientôt on ne verra plus de chaumieres, et les ci-devant seigneurs ou les riches, les imiter avec dérision dans leurs jardins anglais, parce que, dans le fait, les propriétaires, quoique peu fortunés, ne doivent plus avoir des réduits, des cabanes, des chaumieres, qui ne conviennent qu'à y loger les sauvages ou les animaux : il faut à l'agriculteur, sous le regne de la liberté, en un mot, à toute la race humaine, sans distinction, des maisons, ou tout au moins des maisonnetes construites avec les matériaux solides, tels que ceux que l'on peut tirer aisément de la matiere minérale; enfin, les Français doivent vivre et mourir dans de véritables immeubles, et non dans des loges, comme les bêtes.

Je viens de faire voir que la terre simple peut être employée aux constructions du logement des hommes; à celles de leurs fortifications, à celles de leurs armées, à des grandes clôtures, pour renfermer des pays entiers, à celles des bourgs et villages, et je pourrois ajouter que cet élément si avantageux, peut être aussi employé à la construction des chemins ; mais j'apperçois l'ancien ingénieur en chef du Dauphiné, déjà possédé de jalousie contre l'économie de mon art, qui va s'écrier : quoi ! cet auteur veut faire encore avec la terre nos chemins ? Oui, vos chemins, monsieur l'ingénieur en chef, je prouverai par la suite, que ces chemins peuvent être faits plus solidement que ceux que vous avez fait faire dans le Dauphiné, où les communautés se plaignoient amérement contre vous; mais leurs plaintes étoient vaines : vous aviez l'oreille de l'intendant, et non-seulement il vous procuroit d'immenses travaux dans la partie des ponts et chaussées, mais encore tous les bâtimens civils, soit églises paroissiales, presbyteres, marchés; soit prisons, casernes, bicêtres, maisons de ville, et autres édifices, dont la science de l'ingénieur ne peut en connoître les regles, et encore moins la pratique. Il falloit plutôt vous occuper d'approfondir votre partie, et ne pas prodiguer les matériaux de la nation ; par exemple, faire des culées, en maçonnerie, de six pieds d'épaisseur, pour un petit pont de six pieds d'ouverture ; il falloit, en un mot, gagner plus de gloire que de fortune.

Si on a oublié de faire usage de la terre pour les grands travaux, on n'en a pas fait de même pour les petits ouvrages ! Les briqueteries, les tuileries, les poteries, la fayance, la porcelaine, ont été de tout tems en vogue dans tous les pays du monde, ou tout au moins en Chine : nos anciens s'en servirent sans faire cuire la terre qu'ils avoient pétrie; ils la mettoient seulement sécher au soleil, ou plutôt à l'air, et ils en faisoient des matériaux et des ustensiles. Les premiers leur servoient à construire des masures, les seconds à faire de gros ustensiles de ménages, ou pour leurs fabriques : le peu de solidité de ces ouvrages, engagea leurs successeurs à faire cuire cette terre pétrie, lorsque son humidité avoit été entièrement évaporée : à cet effet, ils construirent des fours, et dans la France, ces fours se propagerent, mais très-médiocrement, puisque, encore aujourd'hui, on trouve de grandes étendues de pays où l'on ne fait aucunement de tuiles, ni même des briques, quoique celles-ci soient plus aisées à fabriquer, attendu que la terre qui leur est propice, se trouve généralement par-tout.

La disette des pierres dans les Pays-Bas, l'Artois et la Picardie, firent naître l'idée à des ouvriers intelligens, de faire cuire les briques sans fours, comme trop gênans et trop dispendieux : ils arrangerent donc en plein champ, deux cents, même jusqu'à trois cents milliers de briques, avec un art particulier, et les firent cuire toutes à-la-fois, l'air extérieur, ou qui n'est pas produit en suffisante quantité, par les portes ou autres ouvertures, fait que la colonne d'air au-dessus du toit de la maison, presse beaucoup dans le tuyau de la cheminée, et par là fait refluer la fumée dans l'appartement.

On apperçoit par ces seuls exemples, une affluence d'air qui coule de la même maniere que l'eau courante : si un obstacle s'oppose au courant de l'eau, il faut nécessairement que l'eau reflue par les côtés d'une riviere et se rebrousse sur elle-même, jusqu'à la hauteur où elle puisse surmonter l'obstacle, et de-là s'échapper en coulant : de même, l'air extérieur coule rez terre ou sur le carreau, lorsqu'on a fait le feu à une cheminée ; mais si quelque obstacle lui empêche d'entrer dans l'appartement par les portes, fenêtres, ou fentes quelconques, il faut nécessairement qu'il y arrive par le tuyau de la cheminée ! *Que l'on ne cherche point ailleurs la cause de la fumée, qui nous incommode tant dans nos habitations !* Pour appuyer ce que je viens de dire, je vais m'étayer des expériences que tout le monde peut faire facilement chez soi.

Placez une chandelle allumée dans une porte ouverte, et posez le chandelier positivement sur le carreau ? vous verrez à l'instant la flamme de cette chandelle poussée horizontalement par l'air dans l'intérieur de la chambre ! Et si vous prenez le chandelier, et que vous le teniez à la main à la moitié de la hauteur de la porte, la flamme alors ne vacillera plus et brûlera perpendiculairement ; mais si vous élevez le chandelier tout-à-fait à la cime de la même porte, cette même flamme poussée en-dedans en ligne horizontale par l'air extérieur, sera au contraire dirigée horizontalement en-dehors par l'air extérieur.

Pourquoi cette direction opposée de la flamme d'une chandelle, lorsqu'on la met au bas d'une porte et au haut de la même porte ? Le voici ! L'air extérieur ne peut s'introduire dans l'appartement, qu'en rasant le sol du rez-de-chaussée, ou en rasant les carreaux ou le parquet, si la chambre est au premier ou à d'autres étages ! Chacun en reconnoîtra ici la cause par l'ascension des ballons qu'on a découvert dans ce siecle. On sait généralement, que c'est par l'air échauffé que l'on fait élever les ballons : ainsi, dans une chambre, l'air froid de la rue ou de la cour y entre continuellement et en ressort de même, mais non à la même hauteur : dès que l'air s'est coulé par le bas ? il s'échauffe dans la capacité de la chambre, et s'éleve jusqu'au plancher, d'où il en répart en se glissant par les ouvertures les plus hautes ; et c'est là, près du linteau d'une porte, que l'on voit la plus forte évasion de l'air : plus vous approchez la lumiere de ce linteau ? plus vous reconnoissez la précipitation de l'air à la flamme qui en est si fortement agitée, qu'elle est prête à s'éteindre ! Pour bien concevoir ce phénomene, jettez les yeux sur la figure, planche Ire, et faites chez vous cette expérience qui ne coûte que la volonté.

On apperçoit que la flamme du premier chandelier A, est dirigée du côté de l'appartement par l'air extérieur qui souffle et veut y entrer ; comme aussi, on apperçoit que la flamme du chandelier C est dirigée dans un sens contraire du côté de la rue, place, cour, jardin ou d'un plein champ, par l'air intérieur qui coule et veut s'échapper ; enfin, on est étonné en voyant le second chandelier B, tenu à la moitié de la hauteur de la porte, que la flamme est droite et sans vacillation.

Il est donc bien constant que l'air extérieur n'entre dans une salle ou chambre que par le

bas

bas et en rasant le plus près possible son car-relage ou son parquet, puisque la flamme D du premier chandelier est contrainte de se cour-ber par l'air dans sa même direction horison-tale? Comme il est aussi bien vrai que le même air ne s'échappe de cette salle ou cham-bre, qu'en rasant le plus près possible la sur-face de son plancher supérieur, puisque la flamme F, du troisieme chandelier, est con-tenue couchée dans cette direction inverse à celle de dessous. Enfin, il est certain que l'air, soit du dehors de la rue, soit du dedans de l'appartement, n'agit point dans la moitié de la hauteur d'une porte, puisque la flamme E du second chandelier y est parfaitement dans le plus grand repos, et qu'elle y brûle verticale-ment, comme elle le feroit sur une table au milieu d'un appartement bien clos.

On doit ajouter à ces réflexions toutes celles que le bon sens dicte à tout le monde : une maison où on ne fait point de feu, et où toutes les portes et fenêtres seroient ouvertes, ne recevroit certainement aucun courant d'air : on en sent la raison; la masse d'air de tout l'at-mosphere qui nous environne, est généralement par-tout la même : en tous pays, dans tous les lieux, le volume d'air remplit tous les es-paces quelconques qui se trouvent à des cent milles toises au-dessus : je n'entends point con-fondre ici l'air dont j'ai ci-devant parlé, avec les vents : ces derniers, soufflant avec plus ou moins de force, font qu'ils n'ont aucun rapport avec l'air qui remplit le vide dans le-quel nous vivons, nous respirons, nous agis-sons. Cela bien retenu, je dis donc, que l'air qui alimente le feu, s'épanche librement dans toutes les capacités qui ne lui sont pas fer-mées : par exemple, il viendra remplir l'espace d'un tonneau de vin à fur et mesure qu'on le transvasera, et lorsque toute la liqueur sera

tirée de ce tonneau, l'air occupera alors toute la capacité de ce même tonneau. Ainsi, l'in-térieur de la maison sans fermeture de portes et fenêtres que j'ai donné ci-dessus pour exem-ple, sera remplie du même air qui se trouve en plein champ, ce qui n'occasionnera aucun courant d'air, tant affluent qu'effluent. Mais si l'on ferme les portes de cette maison, ainsi que les croisées, alors l'air renfermé s'écha uf-fant, se raréfiera, et celui qui se trouve de-hors cherchera à pénétrer dans l'intérieur de la maison : il résulte de cette proposition deux conséquences à détailler.

L'air renfermé dans la maison s'échauffera à un certain dégré, quoi qu'on n'y fasse pas de feu, par la raison qu'il ne se trouve plus exposé à la fraîcheur du climat du pays, qui est plus ou moins grande, selon la proximité ou l'éloignement des montagnes, des vallées ou côteaux; des fleuves, rivieres ou des ruis-seaux; des forêts, des plaines ou gorges ; enfin des ports de mers, soit sur l'Océan, soit sur la Méditerrannée ou autres mers : ainsi plus ou moins l'air extérieur aura d'aptitude à péné-trer dans l'intérieur de cette maison, et il est aisé d'en reconnoître sa vîtesse, en appliquant sa main au trou d'une serrure, où l'on sen-tira un sifflement et une froideur bien sou-vent assez grande pour ne pouvoir la sup-porter long-tems.

Ces connoissances acquises nous rappellent que toutes les fois qu'on tient une porte en-tiérement ouverte, il n'en résulte pour nous aucune chose nuisible à notre santé ; mais si on a la négligence de ne la pas bien fermer, et que la fermeture laisse un petit intervalle avec le pié droit, il arrive que l'air exté-rieur, se trouvant alors resserré, se précipite par cette fente, et par-là, ne pouvant retour-ner hors de l'appartement avec autant de vîtes se

il nous occasionne des rhumes, des fluxions, sur-tout lorsque nous nous trouvons près de cette porte qui n'est que jointe.

Les médecins apperçoivent combien il est intéressant pour l'humanité de faire de bonnes fermetures aux portes et aux fenêtres, pour éviter des maladies aux agriculteurs qui négligent ordinairement ce soin : si elles sont rompues en partie? Si ces fermetures ne joignent pas exactement les piédroits? Si la paresse les fait fermer à moitié pour la nuit, et qu'on ne les mette pas parfaitement sur leurs loquetaux ; en un mot, qu'on néglige de pousser à fond leurs verrouils? Il en résultera toujours des infirmités, ou tout au moins des accidens momentanés aux gens de ces habitations !

Lorsque je demande qu'on tienne les portes, les chassis ou croisées entiérement fermés? J'ai, à plus forte raison, lieu d'exiger qu'on construise les maisons avec de bons murs, soit en pierres, soit en pisé! que l'on bâtisse les planchers et les toîts solidement, tels que je l'enseignerai, (et on peut le faire à peu de frais!) Qu'on ait le même soin pour les écuries, étables, bergeries, parce que les animaux, comme les hommes, sont sujets à des maladies, et ne sauroient supporter de même ces vents coulis qui se glissent à travers des fentes et des trous que l'on voit ordinairement à tous les torchis des maisons agricoles, à tous les planchers au-dessus des écuries; en un mot, à toutes les fermetures de portes et de jours, que les habitans, sur-tout leurs valets, par une négligence impardonnable, laissent à demi-ouvertes sur leurs corps.

S'il étoit possible d'habiter une maison sans fenêtres, ni aucun autre jour? Je me ferois fort d'en construire une pour exemple, où une famille n'auroit absolument besoin d'aucun feu pour se garantir du froid! je n'aurois qu'à la faire en pisé, et la voûter de même en terre, avec l'attention de placer une double et bonne fermeture pour la porte nécessaire pour pouvoir y entrer et en sortir. Cette construction, assurément, seroit fort propice pour l'hiver, même pour les autres saisons, elle surpasseroit la douce température des caves ; car on y seroit fort chaudement l'hiver : et fraîchement l'été, par la cause que j'ai déduite ci-devant, et qui arrive à tous les appartemens que l'on construit, soit sur le sol, soit enfoncé dans son sein : par exemple, toutes les caves où l'air extérieur ne peut circuler, parce qu'on en ménage beaucoup les jours, ont toujours leur petit atmosphere dans une parfaite tranquillité ; c'est donc pourquoi on y dépose les vins pour n'être pas environnés de l'air froid que produit le grand atmosphere, et pour se garantir des vents saisonniers, des orages, des tempêtes, de la foudre enfin, qui troublent et font tourner les vins : dans les pays presque inhabitables, remplis de neiges, de glaces et de frimats qui font gémir la nature, et qui couvrent la terre plus de la moitié de l'année, les malheureux habitans de ces contrées cherchent un asyle enfoncé dans la terre, ou dans des montagnes, ou entre des rochers : c'est-là où ils creusent leurs demeures, et où ils passent six à huit mois de l'année, après avoir fait de suffisantes provisions pour s'y nourrir pendant tout ce tems. Eh bien ! qui le croiroit? les Colons de ces affreux pays y vivent avec un certain plaisir auquel nous avons peine d'ajouter foi ; il faut l'attribuer à la privation de l'air extérieur qui ne pénetre point dans ces antres qui leur servent de logement; il y fait chaud, et l'on sait que tout homme, qui jouit de ce bienfait de la nature, a l'âme satisfaite, qu'il est agile et qu'il respire avec joie : il est libre, dans cet état sans souffrance, de satisfaire tous les jours sa soif et sa faim, par ses occupations, qui les lui procurent avec le sommeil ; les habitans dont je parle, quoiqu'ils ne voient pas le jour pendant plus de six mois, se plaisent dans leurs demeures, y vivent en paix, soit peres, femmes et enfans, à la lueur des lampes, et en sortent, lorsque le tems favorable pour travailler et faire leurs récoltes, le leur permet.

Eh bien ! ces habitans d'un climat où le jour sombre semble produire la tristesse avec l'ignorance, sont plus ingénieux que les Européens, j'ose le dire : au moins ils savent braver les intempéries par des moyens simples, et j'ai déjà dit, page 2, que les Suédois, les Danois sont plus habiles que les Français, dans l'art d'échauffer les maisons. Tout fait croire que les habitans du midi, en mésusant de la douce température sous laquelle ils ont le bonheur de vivre, souffrent plus des rigueurs des saisons que ceux du nord ; les Espagnols, par exemple, gagnent plus de rhumes que les Russes, parce que ceux-ci ne négligent pas les précautions pour les prévenir : aussi les animaux quadrupedes des pays froids, ou qui habitent les montagnes, ont-ils plus d'instinct que ceux de la même espece qui séjournent au midi : en un mot, les marmotes elles-mêmes nous apprennent à faire nos logemens plus commodes, plus salubres et plus solides.

Nous pourrions nous passer de faire du feu dans nos maisons, si les vents, les neiges et les glaces ne refroidissoient pas l'air atmosphérique qui s'introduit en tous lieux, dans tous les appartemens, depuis la cave au grenier. C'est cet air, je le répete, et je prie le lecteur de s'en ressouvenir, qui sera le principal objet sur lequel j'établirai mes principes pour rendre nos séjours salutaires. Oui ! c'est cet air même qui vivifie tout, dans lequel nous vivons, nous respirons, nous agissons, soit hommes, soit bêtes en marchant et rampant sur la terre, soit oiseaux en volant dans les airs : pour abréger, je ne saurois mieux me faire comprendre, qu'en comparant l'air à l'eau dans laquelle les poissons nagent ; ainsi, qu'on se figure une grosse bouteille ou caraffe de verre, dans laquelle on aura mis de ces petits poissons dorés : (qui n'en a pas remarqué par l'éclat de leurs couleurs ?) on voit aller et venir ces petits animaux aussi facilement dans l'eau, que les hirondelles dans l'air : rien ne leur empêche de parcourir, en fendant l'eau d'une extrêmité à l'autre, le vase : il en est de même de l'air. Ainsi, considérons une chambre comme une grande bouteille où, au lieu de poissons, l'on aura mis des oiseaux : ceux-ci, en volant, fendront l'air de la chambre d'un bout à l'autre, et dans tous les sens. Les corps et les membres des personnes qui seront dans cette chambre, ne fendront-ils pas de même, au moindre mouvement, l'air qui s'y trouvera ? et cet air n'occupera-t-il pas toujours toute la capacité de la chambre ?

S'il est vrai que la flamme d'une chandelle diminue peu-à-peu de clarté dans un petit espace bien fermé, et à la fin s'éteint entiérement ? il doit être pareillement vrai qu'on parviendroit à faire éteindre la même chandelle dans une de nos chambres, si on pouvoit la fermer aussi exactement ! s'il est vrai encore qu'on fait mourir un oiseau, un chat sous une machine pneumatique, en en pompant l'air ? il est aussi vrai qu'on feroit mourir les hommes dans une chambre, si on pouvoit la construire d'une seule piece comme la machine physique, parce qu'alors, il seroit possible d'en pomper l'air ?

Comme il est indispensable de pratiquer aux murs de toutes habitations ou manufactures, des fenêtres pour les éclairer pendant la durée de chaque jour, et qu'il est de même indispensable d'y placer les portes nécessaires pour leurs entrées et sorties ? il est donc impossible d'empêcher à l'air froid du dehors de pénétrer dans chaque appartement, par les fenêtres et portes, parce qu'il est impraticable à l'homme de construire des fermetures qui soient si hermétiquement fermées, qu'elles ne puissent s'opposer à l'introduction de l'air qui est si subtil !

Voilà pourquoi les lumières qui nous éclairent la nuit, ne s'éteignent pas, quoique les fermetures de toutes les portes et fenêtres soient exactement fermées ; au contraire la flamme des chandelles et bougies brûle bien tranquillement et bien perpendiculairement, parce que l'air qui s'introduit par les jointures des portes et fenêtres, suffit à leur entretien ; un seul trou du tuyau de la clef d'une serrure qu'on n'auroit pas bouché, fourniroit assez d'air pour alimenter le feu d'une chandelle : mais s'il se trouvoit de plus grandes ouvertures que celles des joints des portes et fenêtres, ainsi que des trous de serrures ! alors on verroit la flamme des chandelles ou lampes vaciller, poussée et secouée en plusieurs directions opposées à celles des airs du côté de leur départ.

L'hiver, quoiqu'un appartement soit bien fermé, on ne désire point d'en ouvrir les ouvertures ; il n'en est pas de même dans l'été, où souvent on dit, *donnez de l'air à la chambre*, c'est-à-dire, *ouvrez la fenêtre, afin que l'air y entre et en sorte plus librement*. On en trouvera aisément la cause et l'effet, par ce que j'ai dit plus haut : c'est que l'air froid cherche toujours l'air chaud ; comme l'homme qui a froid cherche le feu. Plus l'air extérieur qui environne une maison est condensé ? plus il se précipite par les ouvertures de cette même maison, pour se dilater ! pourquoi ? parce que l'air renfermé dans les appartemens, n'étant point exposé aux viscissitudes du grand atmosphere qui se comprime, et même se forme en neige ou petits glaçons, reste dans son état naturel : et dès que l'air du dehors d'une cour ou d'un champ s'est raréfié dans une chambre, il s'élève à son plafond comme le fait la fumée, et ressort par les ouvertures qu'il peut rencontrer le plus près de ce plafond.

Cette circulation d'air froid et d'air chaud, est plus vive lorsque le feu est éclairé dans une chambre, soit à une cheminée, soit à un poële : je choisirai ici pour exemple un poële placé au milieu d'une piece, et pour faire mieux sentir l'effet ou le mouvement de l'air, voyez la planche 1re, fig. 2.

A, A. a, a. Airs extérieurs et froids, qui pénetrent par le bas des portes et des fenêtres d'une chambre, et rampent, comme très-pesans, sur son parquet ou sur son carrelage :

B, B. Les mêmes airs qui sont attirés autour du poële, ou foyer, où ils se raréfient :

C, C. Encore les mêmes airs qui montent au plafond de la chambre, après s'être échauffés dans tout le pourtour du poële, & où ils ont acquis beaucoup de légéreté :

D, D. Les airs chauds qui se traînent sous le plafond :

E, E. e, e, e. Les mêmes airs chauds qui descendent du plafond pour s'échapper hors de l'appartemént par les parties supérieures des portes et des fenêtres :

F, F, F, F. Enfin ces airs, qui sortant de la chambre, vont s'élever fort haut dans la cour, la rue ou le champ, jusqu'à-ce qu'ils soient assez refroidis, et par consequent mêlés avec l'air atmosphérique.

Je dois ajouter que pour toutes les salles, chambres ou cabinets, il faut faire construire les fermetures des portes et des fenêtres avec des bois secs ; on en sent ici l'importance : si votre menuisier vous fournit des bois verts pour vos croisées ? vous aurez quelques mois après le désagrément de les voir déjointes, et l'air exterieur pénétrera dans votre appartement, comme vous l'appercevez dans la même planche 1re, aux lettres a, a ; et e, e, e. Vous avez aussi le même intérêt de veiller à ce que l'on ne vous fournisse que des bois secs pour les fermetures de vos portes ; car celles-ci se déjetteront encore plus, parce qu'elles sont mobiles ou qu'on les ouvre plus souvent que les croisées. Comme je l'ai dit ; rien n'est si pernicieux que d'être assis auprès des portes qui ne ferment pas bien exactement ; et à l'égard des croisées, le danger est encore plus grand, parce que c'est contre la fenêtre, pour avoir plus de jour, que le sexe féminin sur-tout, travaille ordinairement, et l'air les frappant à la longue, sans que ce sexe s'en doute, lui cause des maladies souvent mortelles, n'y étant déjà que trop exposé par celles qui lui sont périodiques.

Il ne convient donc nullement que l'air froid du dehors s'introduise par les croisées, comme on le voit aux lettres a, a : au contraire, les ouvriers doivent redoubler d'attention pour bien assembler les dormans et jets d'eau de leurs croisées, afin que les dames assises toujours auprès des appuis de fenêtres, n'en puissent jamais souffrir.

Je pense donc que les masses de l'air extérieur, ne doivent jamais pénétrer dans un appartement que par les portes ouvertes, ce qui, comme l'on sait, arrive très-souvent, par les allans et venans qui y entrent ou en sortent ; je dis les masses de l'air ; car il est certain que l'air subtil s'introduit, quelques bien faites que soient les fermetures, par les joints de leurs encadremens ou chassis ; mais cela est si peu de chose, que les personnes qui se trouvent dans la piece ne s'en apperçoivent pas. Je dois m'arrêter sur ces principes généraux, pour les reprendre lors des pratiques que je vais enseigner : ainsi je passe à la propriété de l'eau.

De la propriété de l'eau.

L'eau sans contredit est indispensable aux hommes ; il ne s'agit que de la leur fournir en abondance par tous les moyens de constructions possibles.

Je me contenterai de dire pour le moment, 1°. que l'eau de citerne est reconnue pour la meilleure à la boisson des ménages ; 2°. que par une impéritie étrange au siecle actuel, on perd l'eau des toits, que tout propriétaire pourroit facilement recueillir ; 3°. que par la funeste méthode de laisser tomber au pied des maisons les eaux précieuses de leurs couvertures, on en rend les appartemens très-mal sains ; 4°. que l'on fait les égoûts des bâtimens dans la plupart des départemens de la France, avec une prodigalité intolérable, puisque le plomb qu'on y pose pour la moindre maison, est un des articles du devis le plus dispendieux ; 5°. et enfin qu'il est possible de procurer de l'eau aux villages qui en manquent.

Les gros et petits ménages ne sauroient trop se passer d'avoir de l'eau chaude à toutes heures de la journée ; et il est facile de leur en donner les moyens économiques. Je vais à cet effet les indiquer, après avoir traité de l'art de chauffer les maisons à peu de frais.

SUPPLÉMENT
AU CHAUFFAGE ÉCONOMIQUE.

Nota. Le chauffage économique, ou leçons élémentaires, avec lequel chacun pourra chauffer à peu de frais l'intérieur de sa maison ou de son appartement, se trouve à Paris, chez le citoyen Cointeraux, professeur d'Architecture rurale, rue du fauxbourg Saint-Honoré, n°. 108.

Prix, chez l'auteur, 2 liv. 8 sols.

PREMIERE PARTIE.

N'avois-je pas eu raison de dire que l'on pouvoit se dispenser de faire dorénavant les cheminées suivant l'antique usage, & qu'il étoit inutile de les appliquer, comme l'on fait toujours, contre les murs ? (Voyez mon Ier ouvrage sur cette partie, à l'article *introduction*). Je présente aujourd'hui au public ce supplément, et à tous les français et étrangers qui se trouveront à Paris, le modèle de mon nouveau foyer que je viens de faire construire dans mon nouvel appartement, rue du fauxbourg Saint-Honoré, n°. 108, positivement à côté de mon attelier, au colisée, que chacun pourra voir en même-tems : il est libre à tout le monde de venir les visiter ; et à l'égard de mon nouveau chauffoir, l'on s'assurera de l'économie de sa construction, du peu de bois que ma nombreuse famille consomme chaque jour, et de plusieurs autres genres d'économie dont mon ménage profite. Je passe donc de suite à la description du second foyer dont je fais usage à Paris.

Description du second foyer économique.

J'ai bâti ce foyer dans une grande salle de 24 pieds de longueur, 15 de largeur et 11 d'élévation, parce que je l'ai destiné à plusieurs usages à la fois, comme on le verra par la suite : cette salle est à rez-de-chaussée, et est boisée, plafonnée et parquetée, non en menuiserie, mais avec des grands carreaux de pierre qui sont très-froids par cette raison, comme tout le monde ne l'ignore pas : la cour, le jardin, et surtout, le terrein du voisinage, y augmentent encore cette froidure, par l'humidité qui est aisée à reconnoître à quantité de carreaux, si mouillés, qu'ils paroissent avoir été, à l'instant qu'on les voit, trempés dans l'eau : la salle que je décris, prend ses jours par deux grandes fenêtres sur la cour, son entrée par une anti-chambre qui la précéde, et sa sortie sur le jardin est interrompue par un petit salon ovale, de maniere que cette piece est renfermée entre deux autres moyennes, et a pour leur communication, deux larges et hautes portes, puisqu'elles sont chacune à deux portes battantes : c'est presque au centre de cette salle que j'ai construit ce second foyer de mon invention, avec la même économie dont je m'étois servi pour le premier, en n'y ayant employé à tous deux que l'art seul de la maçonnerie. Voici le procédé.

Construction du second foyer.

Pour pouvoir faire passer les pieds sous ce foyer, et éviter les incommodités que l'on a ordinairement, lorsqu'on s'approche des poëles, que l'on représente plus particuliérement dans les cafés qu'ailleurs, en forme de piédestaux (voyez cet inconvénient dans mon chauffage économique, page 19) ; pour pouvoir, dis-je, passer les pieds sous ce foyer, et gagner la chaleur qui part de dessous son âtre, j'ai élevé le fond de cinq pouces sur de petits piliers, tels qu'ils sont représentés dans la 11e. planche de mon 1er. ouvrage, fig. 1, 2 et 3, par les lettres E : sur ce fond, j'ai élevé de petits murs en briques cuites : mais comme la grandeur de ce foyer devoit être proportionnée à celle de la salle qui est assez vaste, afin de l'échauffer suffisamment, j'ai donc préféré les briques de quatre pouces et lemi de largeur pour construire mes petits murs, au lieu d'autres briques moins larges, dont je me serois servi, si l'appartement que j'avois à échauffer, eût été plus petit (Voyez ce que j'en ai dit dans le chauffage économique, page 18, où je rappelle que l'on nomme ces petites briques, *plouis*). Sur ces petits murs, j'ai fait une voûte, j'ai posé une tablette en pierre de liais, à la place des carreaux que j'avois employé pour couvrir le dessus de mon premier chauffoir.

L'on sent qu'une salle boisée, plafonnée et parquetée, en un mot, assez bien décorée, où se trouvent encore deux grandes glaces, mérite sans doute que je me sois servi d'une tablette de pierre polie ; j'aurois pu même me servir d'une tablette en marbre, si j'avois voulu rendre magnifique mon nouveau foyer ; ainsi l'on voit que chacun est le maître d'y faire beaucoup de dépenses, comme de ne faire absolument que le pur nécessaire : je terminerai par dire que ce foyer est assez bien décoré par l'enduit et la peinture dont je donnerai ci-après les procédés économiques.

Des avantages de ce foyer.

C'est dans cette salle que toute ma famille travaille, et se trouve à son aise sans jamais songer à s'approcher du corps de ce foyer, sans user d'aucune chaufferette, et où elle jouit de la vie avec agrément et avec joie, comme si elle n'étoit pas au cœur de l'hiver, et qu'elle fût au milieu de l'été.

Des fleurs tapissent l'enceinte de cet appartement, malgré la rigueur de la saison, parce que la chaleur modérée de mon chauffoir, les fait croître très-rapidement : j'attribue aussi leur prompte végétation à l'air frais du dehors qui s'introduit dans notre salle ; c'est ce qui arrive souvent par les allans et venans qui en ouvrent les portes. Cette réflexion nous conduit avec le lecteur, à en tirer parti pour la construction des serres et orangeries, qui ont aussi alternativement besoin de l'air chaud et de l'air frais pour la conservation et la propagation des plantes. Je renvoie dans un autre tems à approfondir ce moyen, car il est plus pressant de procurer la santé aux personnes qu'aux plantes : tout ce que je puis assurer, avant de quitter les serres chaudes, c'est que les auteurs et les agriculteurs ont infiniment tourmenté leur esprit, sans avoir pu nous donner des regles sûres pour la construction des serres, quoiqu'avec beaucoup de dépenses ; cependant il est aisé d'établir des principes à un praticien comme moi, pour les serres et orangeries, qui pourra alors y joindre l'art économique de leur bâtisse, avec la maniere d'épargner le bois ou les charbons.

Je prie le lecteur de remarquer que nous ne brûlons dans ce foyer qu'une fois de bois chaque jour, pendant l'espace d'environ deux heures que dure la combustion : dès que nous nous appercevons que le bois est consumé, qu'il est réduit en charbons ardens qui ne produisent plus alors la moindre fumée, nous fermons à l'instant les soupapes, et nous relevons de suite sur les charbons la cendre dans l'âtre du foyer ; enfin nous fermons la bouche avec une porte de tôle, dont la légéreté est si grande et le maniement si facile, qu'on la pose comme un éclair.

Cela fait, nous n'avons plus rien à faire le reste de la journée : nous oublions le chauffoir, comme s'il n'étoit pas auprès de nous : nous allons, nous venons, nous travaillons, nous répondons aux personnes qui nous viennent voir, en un mot, nous faisons nos affaires, sans avoir aucun souci, comme on l'a ordinairement pour les autres feux des cheminées ;

poëles ou fourneaux ; ce n'est que la faim qui réveille notre attention. A propos, dit la ménagere, il faut faire le dîner. Sur-le-champ, on introduit les mets dans le foyer, et quoiqu'il y ait plus de six à huit heures que le bois soit brûlé, il est encore assez chaud pour faire cuire un rôti ; je donnerai bientôt la liste des différens mets qui nous ont servi pour nos repas, et qui ont cuits dans ce chauffoir, le matin et le soir, quoique le feu y ait été mis immédiatement à notre lever.

Encore une chose bien remarquable, c'est que tous ceux qui entrent dans notre salle, ont, à-l'instant, le visage frappé de la chaleur que nous ressentons sans nous en appercevoir autant qu'eux : Il n'en est pas un qui ne se soit écrié : *Ah! qu'il fait bon ici !* Mais dira-t-on que cette chaleur peut être nuisible à la santé ? Les physiciens savent que ce ne peut être que par la vapeur du bois en feu et en fumée, que par celle que produisent les flammes, ou enfin par la vapeur des charbons eux-mêmes après la combustion, que nous pourrions en être incommodés! mais ici l'on apperçoit que nous recevons la chaleur par une cause toute différente, puisqu'il n'en existe aucune des premieres : ce dont on se convaincra aisément, lorsqu'on considérera que le feu étant éteint, et que les charbons étant couverts de cendres, il n'en existe plus : ainsi on ne peut, sous aucun prétexte, ni de méchanceté, ni de jalousie contre cette invention, dire que la chaleur continuelle que reçoit tout notre corps, peut lui être funeste ; car, encore une fois, nous ne jouissons de cette douce température, non point par la chaleur du feu, mais par la chaleur qu'a laissé le feu dans le centre du foyer, chaleur qui s'y est concentrée, s'y conserve & se répand insensiblement dans notre salle tout le long de la journée, même bien avant dans la nuit.

Cela est si vrai ! que le lendemain matin, nous trouvons ce nouveau foyer encore chaud : nous sentons, en entrant dans la salle, une chaleur agréable qui satisfait. De maniere qu'éclairant de nouveau le feu dans ce chauffoir, sur les sept à huit heures du matin, il arrive qu'il ne se refroidit jamais, et qu'il sera toujours échauffé pendant la durée de l'hiver.

Un autre avantage non moins important, qu'il ne faut pas oublier ; c'est que nous sommes exempts de fumée, nous n'en pouvons pas même ressentir la plus petite parcelle, puisque la fumée n'a cours que pendant le temps de la combustion : ainsi il est certain que là où il n'y a point de feu, il ne peut y avoir la moindre fumée. Nous en avons sous les yeux chaque jour la preuve sur le tuyau de conduite pour la fumée, qui devient froid comme marbre au-dessus de la seconde soupape, à peine est-il tant soit peu chaud entre les deux soupapes : donc, que depuis neuf à dix heures du matin, il n'y a plus de fumée dans le tuyau ; par conséquent, nous en devons être absolument exempts.

Mais si le tuyau est refroidi ? Il n'en est pas de même des petits murs du chauffoir. A peine peut-on y appuyer la main bien avant dans la soirée : j'ai reconnu que l'entretien de cette chaleur, ou que cette chaleur permanente se trouve, d'une part, dans la qualité innée des briques et des tuileaux, et de l'autre, dans le vide du foyer, qui en est le gardien. Il est bon d'entrer dans une plus grande explication : on sait généralement qu'une brique ou un carreau mis au feu, conserve long-temps la chaleur qu'il y a acquis ; car, qu'on se rappelle que pour échauffer un malade au lit, on use de ce remede, en lui plaçant aux pieds ou aux

côtés

côtés, selon son mal, une brique, ou autre pièce de terre cuite, enveloppée de doubles linges pour ne le pas brûler ! la terre cuite, qui rougit au feu comme le fer, est donc susceptible d'obtenir la plus grande chaleur, au point qu'elle peut, par cette facilité, échauffer infiniment à la longue tout ce qui l'en approche ? Qu'on applique maintenant cette expérience vulgaire à la cause de la chaleur continuelle de mon foyer ! l'air frais, qui vient frapper sans cesse la superficie de mes petits murs de briques, leur enleve sans cesse, il est vrai, de leur chaleur; mais lorsque les courants d'air, qui se succédent, ont fait ce vol de chaleur : cette même chaleur est reproduite à l'instant dans l'épaisseur des petits murs de la voûte et du dessous du foyer, par une masse d'autre chaleur qui est concentrée dans l'âtre : de maniere que cette percussion de chaleur du dedans au dehors du foyer, échauffe continuellement tout le vuide de l'appartement; en un mot, les parois extérieurs des briques ne peuvent point se refroidir, parce que ceux qui sont en dedans sont toujours très-chauds : pour appuyer cette assertion, j'ajouterai que j'ai constamment trouvé le lendemain, avant qu'on renouvelle le feu dans le foyer, une chaleur assez grande dans sa capacité; et si notre salle de grand matin est encore échauffée du bois qu'on a brûlé la veille ? l'intérieur du chauffoir l'est infiniment plus ! car en y avançant la main et le bras, on est étonné que pendant toute la nuit, cette chaleur n'ait pu se dissiper.

Qui pourroit soutenir à présent que les tuyaux de chaleur sont plus avantageux que ce moyen simple que j'indique pour échauffer les appartemens ? je me suis déjà récrié, dans mon ouvrage sur le chauffage économique, (voyez la note, page 19 et suivantes)

contre ces censeurs, qui osent l'être, sans avoir aucune pratique. Ces gens érudits s'imaginent que la plume savante suffit aux inventions, et qu'il n'est pas possible à un ouvrier de surpasser l'idée généralement reçue, que l'on a des tuyaux de chaleur : celui dont je parle, et qui a quelque teinture de l'art agricole, me disoit, après avoir lu mon mémoire sur cette partie, qu'il avoit dessein, depuis long-tems, d'augmenter la chaleur d'une maison, en faisant construire un foyer, sur lequel il placeroit une cuvette d'étain; avec cette cuvette toujours remplie d'eau chaude, avec des conduits serpentaux, des tuyaux de chaleur, enfin avec la circonvolution étudiée à l'infini pour les passages de la fumée, il se flattoit d'arriver au but que désiroit la ville de Paris, pour économiser le bois de chauffage; illusion vaine ! fatal orgueil !

Je livre à l'opinion publique, tous ceux qui se flattent d'instruire les autres, pour n'être pas de leurs corps, ou sociétés académiques; et j'y livre sur-tout celui-ci, qui m'a laissé dans la gêne par un amour-propre démesuré qui lui est ordinaire; ce qui a failli de priver mes compatriotes du bien que leur fera mon invention.

Si je n'avois pas eu de la persévérance, si je n'avois pas trouvé l'aisance, et eu le courage, quoiqu'affloibli par l'indigence causée par l'insensibilité de ces prétendus savans, de faire reconstruire ce second foyer ! ma découverte auroit été nulle ! c'est ainsi que l'on perd les ouvriers-auteurs qui osent se mesurer avec les littérateurs. Mais le terme de ces derniers est passé; les Français veulent du bon et non des phrases élégantes. Ils ne donneront plus, je l'espere, des places qu'à l'homme d'une utilité généralement reconnue : ils aideront l'auteur qui ne s'endort pas dans

D

un fauteuil académique : en appercevant l'individu simple derriere ce fauteuil, ils le tireront de l'oubli, et jugeront que celui-ci ne se lassera pas de travailler pour le bien public, comme font les académiciens, si-tôt qu'ils sont payés pour augmenter la masse des connoissances.

Je reviens à mon foyer : si j'ai eu le bonheur de le faire construire par un procédé aussi simple, pour sa construction et pour la dépense du combustible ? il faut l'attribuer aux embarras qui assiegent la révolution présente ! les personnes en place n'ayant pu m'aider, la nécessité, mere de l'invention, m'a toute seule secouru ! Mais ensuite, je n'ai pas démenti le nom de franc qu'avoient autrefois les Français : j'ai avoué que je m'étois trompé dans la construction de mon premier chauffoir : pressé par la misere, j'avois fait un massif de maçonnerie sur le carrelage de la chambre, pour ne pas me constituer en dépenses, et n'avoir aucune plainte de la part de mon propriétaire, qui auroit pu dire que son plancher inférieur étoit en danger du feu : voyez la premiere planche de mon ouvrage où ce massif est dessiné, et marqué dans les figures B, D, F et E par le chiffre XVI. J'ai donc tout de suite prévenu le public qu'il falloit supprimer ce massif, et élever le fond du nouveau chauffoir par des petits piliers d'environ cinq pouces au-dessus du carrelage : Alors on n'a plus à craindre d'enflammer le plancher inférieur, et de plus on gagne toute la chaleur qui doit sortir par dessous ce chauffoir, sans compter l'avantage de se chauffer, à l'aise, les pieds, en les passant dans cet intervalle de cinq pouces, et sans compter l'acquisition de plus de grâce que gagne le corps de ce foyer qui devient alors moins lourd,

comme le sont, ordinairement tous les piédestaux des poëles.

Ce qu'il y a de bien consolant pour moi ! c'est que mon foyer, ainsi élevé sur de petits piliers, peut être construit dans toutes les vieilles maisons ; car quelque mal distribuées qu'elles soient, il est impossible de démolir toutes les villes pour les reconstruire toutes à-la-fois à neuf : ainsi, non-seulement, la ville de Paris pourra en profiter, sans aucun risque de mettre le feu dans ses différents quartiers, mais encore toutes les autres villes, bourgs et villages. Chaque propriétaire pourra donc en faire usage, sa maison fut-elle construite avec la plus grande inflammabilité ! de même chaque locataire pourra faire bâtir son foyer dans la place qu'il jugera lui être plus commode sur le plancher de sa chambre, sans craindre aucun reproche de la part de son propriétaire, puisque ce moyen d'échauffer les appartemens, ne porte point avec lui le risque d'incendie.

Les habitans de la Savoie, ceux du Brabant, de Liége, en un mot, tous ceux qui renverseront leurs vieux usages, me sauront gré de leur avoir procuré, à si peu de frais, le moyen de se chauffer et d'apprêter leurs mets en même tems : En le mettant en pratique, le plutôt qu'ils pourront, ils s'assureront de ses autres avantages, comme celui de n'être jamais incommodés, ni de l'hiver, quelque rigoureux qu'il soit, ni de la chaleur de ce foyer, quelqu'excessive qu'elle devienne par une grande quantité de bois qu'on y mette le matin ; par la raison que l'air de l'appartement, où il sera construit, est alternativement desséché et raffraîchi : les portes ouvertes et fermées successivement par les allans et venans produisent cet heureux effet ; ce qui humecte les poumons des personnes qui séjournent aux environs de ce foyer. Ainsi on n'aura plus besoin de suivre l'ordonnance des médecins: ils trouvoient, avec juste raison, que le feu desséchoit trop la poitrine, pourquoi ils exigeoient qu'on tînt dans la chambre un vase plein d'eau, posé près du foyer, ou sur le poële ou fourneau, afin que la fumée de l'eau chaude humectât l'air de la chambre: mais ici cette ordonnance même devient inutile, et ne convient que dans un lieu où l'on met du bois au feu tout le long de la journée: je n'en brûle qu'une fois le matin; par conséquent l'air circulant n'a plus besoin d'être humecté.

Indépendamment de tout ce qui vient d'être dit, une chaleur continuelle, telle que celle-ci, est, sans doute, bien capable de rendre les maisons fort saines: et l'on sait qu'elles ne le sont pas lors des tems de pluie, de neige ou de frimats. C'est sur-tout aux dégels qu'on s'apperçoit de cette incommodité que produit la nature elle-même: les murs des appartemens sont mouillés plus en dedans qu'en dehors; cette réfrigération ne sera-t-elle pas bientôt enlevée par l'effet de mon nouveau foyer? y aura-t-il alors toujours dans l'esprit des citoyens cette tristesse que produisent ces tems déplaisans et malfaisans? Non, sans doute, j'en ai la preuve: nos corps étoient dispos dans les hivers de 1789 et 1790, et mes enfans étoient gais lors des plus mauvais tems.

Il faut qu'on ajoute à ces vérités que les malades deviendront plutôt convalescens, et ceux-ci plutôt en bonne santé, si on leur fait construire un pareil chauffoir dans les pièces où ils sont forcés de séjourner. On n'auroit plus besoin de doubler les couvertures de leurs lits, et leurs membres, quelquefois découverts, ne seront plus attaqués d'aucune douleur par l'air froid; en un mot, la cha-

leur permanente du nouveau foyer leur maintiendra cette transpiration insensible, si nécessaire à leur guérison.

Mais ce qu'il y a encore de très-important, ce sont les convalescens qui auront la commodité de se promener sans être obligé de se beaucoup vêtir: c'est en agissant que le corps reprend plutôt sa force, et c'est ce qui manque aux malades lors des plus grands froids.

Je donnerai par la suite quelques idées sur la maniere que je croirai la plus propice pour la construction des salles contenant plusieurs malades, et je prouverai qu'étant échauffées par ma maniere, on y trouvera l'utile, le commode avec l'économie en tout genre.

La santé est, sans contredit, ce qu'il y a de plus cher dans la vie humaine: cependant une autre économie, que je vais rappeller, mérite sa place dans l'esprit des peres de famille.

Que l'on veuille bien jetter les yeux sur les deux planches de mon chauffage économique, et l'on rencontrera que la porte de ce foyer n'est point semblable à celles des poëles ordinaires, mais plutôt que c'est une bouche telle que celle que l'on fait à tous les petits fours. C'est par l'idée, ou mieux par la nécessité de faire cette ouverture assez vaste, que je suis parvenu à faire servir ce chauffoir à tous les usages que l'on pratique pour faire la cuisine, la pâtisserie, en un mot, l'office: si ce n'étoit encore là que le profit qu'on en peut retirer? j'abaisserois mon orgueil! parce qu'il est aisé de faire un peu de cuisine dans les poëles et fourneaux, de faire de la pâtisserie dans des petits fours que l'on place sous la hotte de la grande cheminée de cuisine, et mon nouveau foyer n'auroit d'autre mérite que de réunir dans un seul feu, les deux qu’on fait avec les poëles et les petits fours : NON, lecteur ! mon invention est encore plus avantageuse que pour tous ces apprêts délicats qui flattent tant les gourmets : elle consiste à pouvoir faire cuire le pain chez soi, par conséquent, à se passer absolument de boulanger. Voilà une découverte essentielle pour rendre un peuple heureux : voilà un service important que je rends à tous les peres de famille, indistinctement, soit pauvres, soit riches. Qui ne conviendra pas que les plus opulens, dans une disette, y trouveront une véritable ressource lors d’une famine ? Quoi ! lorsqu’un pays est accablé de ce fléau ? chacun n’aura-t-il pas, au moyen de mon nouveau chauffoir, un procédé facile de se procurer sa nourriture, dans une chambre la mieux ornée ou décorée ! il ne faut aucun embarras pour introduire par la bouche de mon foyer des pains, du ris, des gâteaux, des pommes de terre, des légumes, des racines : la cuisson de toutes ces grosses denrées ne cause aucune saleté dans l’appartement le plus propre, et on a l’agrément de se chauffer en même-tems. Les âmes sensibles pénétreront plus loin encore : elles jugeront qu’un pareil foyer va réparer la misère et les calamités des nations. En effet, les indigens dans leurs chaumieres n’useront plus de deux feux pour faire leur soupe, et faire cuire leur pain : alors ils seront dispensés de faire la dépense considérable de faire construire un bâtiment pour le fournil et pour son four, ainsi que pour une grande et vaste cheminée, sa hotte et son tuyau pour la fumée, son âtre et son contre-cœur qui endommage ordinairement les murs, enfin de faire des contre-murs entre voisins, pour garantir des dommages du feu le mur commun ou mitoyen ; en un mot, les pauvres habitans, de quelque état qu’ils soient,

n’endureront plus le froid dans aucun pays ; parce que le seul chauffoir économique leur servira pour la cuisine, pour la boulangerie et pour le chauffage.

En recherchant toutes les incommodités que le peuple souffre, et dont il lui est si facile de se garantir, si quelque ouvrier, avant moi, avoit été employé et encouragé par l’ancien ministere pour s’en occuper, et en découvrir les moyens économiques, on trouvera que la maniere simple de faire du feu, dans chaque habitation, n’exposera plus à ces incendies désastreux qui ont dévoré tant de villes, bourgs et villages ; qu’elle économisera véritablement les matieres combustibles, particuliérement le bois.

Une chose bien digne de remarque, et qui intéresse le genre humain, c’est que, pendant que les familles se chaufferont, pendant que chacun s’occupera de son genre de travail, pendant celui qui est nécessaire pour apprêter le repas ; les mets cuiront dans ce nouveau foyer sans peine, sans odeur, sans embarras et sans dépense. En est-il de même de tous les autres que l’on fait dans tous les ménages indistinctement ? il en faut un pour se chauffer, un autre pour les ragoûts, un autre pour les rôtis, un autre pour le four, et plusieurs pour les maîtres et pour les principaux domestiques. Eh bien ! un seul foyer, ou deux tout au plus pareils, tels que celui que je désigne, et qui me sert à l’heure même où j’écris, suffiront à un fort ménage pour remplacer tous les autres ensemble. Ce seroit bien fatal pour les Français, si quelque jaloux avoit l’audace de dépriser cette invention simple : ce ne pourroit être que l’intérêt particulier qui en seroit capable ? mais les hommes aimant le vrai, et dont la conscience pure est toute au bien public, en foulant aux pieds, a jalousie, s'empresseront de propager cette découverte.

Je terminerai cette première partie par dire que ce foyer, outre tant d'utilités, a de plus l'avantage de ne pas produire de la poussière dans l'appartement où il sera construit : on en doit être convaincu par le feu et les flammes du bois qui ne durent qu'environ deux heures : dès que ce feu et ces flammes sont passés, et les charbons couverts de cendre, il ne peut y avoir, sans doute, que très-peu de parties volatiles qui parcourent l'atmosphère de la chambre, par conséquent, il ne peut exister cette quantité de poussière qui provient ordinairement de l'agitation du feu.

Un autre avantage qu'on trouvera : c'est de pouvoir faire servir, dans les ménages, de table à manger le dessus de ce chauffoir : quelle commodité l'hiver, de pouvoir se réunir autour de ce chauffoir, d'y déjeûner, dîner, souper, comme on le fait sur une table ! Les tablettes de cheminée n'ont jamais pu être que d'une bien foible utilité : leur peu de largeur n'a jamais permis d'y entreposer que de très-petits ustensiles, ce qui a toujours gêné les maîtres et les domestiques : ici on aura une surface entière, plus d'entraves, moins d'étourderie pour y voir tomber et casser le plus souvent les objets les plus précieux.

Si l'hiver on peut avoir une table toujours sur pied par la nouvelle construction de ce chauffoir ? L'été on en jouira encore avec plus d'avantage, en enlevant les tuyaux, parce qu'alors ils deviennent inutiles par la chaleur de cette saison ! Ce sera alors un beau sujet de décoration qui se trouvera au centre de l'appartement, et une commodité bien grande pour y entreposer mille et mille choses que l'on remue si souvent dans la journée : les gens d'affaires, les hommes de loi et autres auront ici ce qui leur a toujours manqué pour choisir, étendre et arranger leurs papiers ; en se promenant dans leur cabinet, où ce chauffoir sera élevé à demeure, ils pourront dicter, en ayant sous leurs yeux plusieurs manuscrits ou livres ouverts, qu'il faut qu'ils ayent ainsi pour rédiger leurs compositions.

Mais ceux qui croiroient être en droit de rejetter l'idée de placer ce chauffoir au milieu d'une salle ou cabinet, comme corps immuable, par conséquent gênant, embarrassant, n'auroient pas plus de droit de recourir aux cheminées ; par la raison que cette petite bâtisse peut indifféremment se placer dans l'endroit de l'appartement qui leur paroîtra le plus convenable, soit dans un des angles, soit près d'un des murs latéraux, en un mot, par-tout où ils voudront.

J'ai déja démontré que rien ne peut gêner pour construire, dans la place que l'on choisira, ce foyer ; comme aussi qu'il est facile de chauffer deux pieces à la fois. Voyez-le dans mon 1er ouvrage, sur le chauffage économique, page 25, et planche 3e, et vous reconnoîtrez, en même-tems, la possibilité de décorer ce foyer tout aussi-bien qu'on l'a fait pour les cheminées : je prie le lecteur de jetter aussi les yeux sur la page 20 de cet ouvrage, où je fais remarquer que le génie des architectes, aggrandissant cette invention, parviendra à nous délivrer des anciennes cheminées et de toutes leurs incommodités. Car ou la fumée se répand dans les maisons, malgré les fumistes qui ont mis leur esprit à la torture de toutes les manieres depuis quantité de siécles ; ou la grande et ruineuse consommation de bois qui absorbe les facultés des peres de famille, détruit nos forêts et nos carrieres de charbons de terre et de tourbe, malgré toutes les inventions, toutes les ressources qu'a employés un très-grand nombre d'artistes, d'amateurs, de fumistes, en imaginant toutes sortes de constructions de cheminées, de poëles, de fourneaux qu'ils ont, d'ailleurs, compliqués à l'infini; ou enfin le désagrément général que les peres, meres, avec leurs enfans, de tout état et condition, ont éprouvé en se brûlant par-devant, et se gelant par-derriere, contre les feux les plus, comme les moins ardens; toutes incommodités et inventions, dis-je, de toutes espèces, bien connues de l'univers entier, ne doivent plus permettre aux hommes sensés de ce siécle, de se chauffer comme le faisoient les premiers hommes du monde : voyez à cet effet, l'histoire des cheminées décrite dans la dissertation au commencement de mon Ier. ouvrage, sur le chauffage économique.

Finalement, hommes judicieux attachés à notre juste révolution, qui, par conséquent, aimez l'exacte vérité, et abandonnez par la saine raison, l'ancien ordre des choses et tous ses abus, venez dans mon nouveau domicile à Paris, rue du fauxbourg Saint-Honoré, n.º 108, et vous y trouverez mon ménage simple et avantageux, composé de huit personnes, lesquelles se chauffent, se nourrissent, et travaillent autour et avec un seul et même chauffoir, autant simple qu'il est beau, autant commode qu'il est fructueux.

S E C O N D E   P A R T I E.

Un citoyen de Paris, m'ayant témoigné depuis long-tems le désir de posséder un pareil chauffoir, je le lui ai fait construire le mois de novembre 1792: il ne vouloit pas, disoit-il, y faire de la dépense, et lorsqu'il a vu la forme de sa construction, le peu d'espace qu'elle occupoit, la propreté dont il pouvoit jouir, il s'est laissé entraîner à la décoration, ainsi qu'on va le voir.

Ce foyer est construit dans la maison du citoyen de la Lette, en face du fameux de Beaumarchais, sur le boulevard du Temple, tout près de la bastille. C'est au second étage de cette maison, que le citoyen Sauty, ancien trésorier des armées, a fait élever dans son cabinet ce nouveau chauffoir, de la longueur de deux pieds et demi sur deux de largeur, et deux pieds six pouces de hauteur.

Il est intéressant de savoir que ce cabinet a deux fenêtres sur le boulevard, une porte à deux ventaux, pour communiquer à une petite chambre qui le précéde; que ce cabinet est parqueté en bas, plafonné en haut, tapissé, et où se trouve une cheminée appliquée contre un des murs de refend. J'ai fait faire en premier lieu, des petits pilliers de pierre de cinq pouces de hauteur, sur lesquels j'ai fait poser une dale aussi de pierre; par ce moyen, je n'ai pas eu à craindre que le feu puisse endommager le parquet de bois, et par ce même moyen, j'ai attiré toute la chaleur du dessous de ce foyer. J'ai ensuite fait monter les petits murs avec des plotets, c'est-à-dire, avec des briques de largeur seulement de deux pouces et demi; j'ai établi la voûte sur ces murs, et le citoyen Sauty, au lieu de couvrir ce chauffoir avec une table de pierre, l'a fait avec une de marbre : le tuyau pour la fumée est très-court, puisqu'il passe sous la tablette de la cheminée, et puisque ce nouveau chauffoir n'en est éloigné que d'environ deux pieds; cependant le raccourci de ce tuyau n'a pas empêché qu'on y ait pu placer deux soupapes.

Ce locataire a fait décorer le pourtour de son foyer de trois manieres; l'une en y appliquant un enduit, composé de plâtre fin passé au tamis et de tuileaux; la seconde maniere a été faite singuliérement : sur la face du chauf-foir, il y a fait mettre des petits carreaux de faïance, en les appliquant tout simplement sur une couche de bon plâtre tout chaud, avant qu'il soit pris ; enfin pour le troisiéme procédé, il a fait peindre sur cet enduit, différens sujets.

Le citoyen Sauty a bien pensé, de faire placer des carreaux de faïance sur la face de son chauffoir, on l'approuvera sans doute : car avec un linge mouillé, un domestique pourra à volonté laver ces carreaux faïancés, parce qu'il n'est pas possible qu'autour de la bouche d'un four, il n'y ait pas toujours quel-que petite noirceur provenant de la combus-tion du bois, quoique cette combustion dure peu. Cette idée fort heureuse, fera naître comme je l'ai déja annoncé aux architectes, mille autres pareilles idées : quant à moi, elle m'a déja conduit fort loin, je la discuterai dans 'occasion, mais ne perdons pas de vue l'objet dont il est ici question.

Il en coûte très-peu de bois pour chauffer le cabinet du citoyen Sauty, et il est bien chauffé : c'est donc un grand service que je lui ai rendu, puisqu'il a le malheur d'être in-firme, par conséquent obligé de rester toute la journée à la maison : Assis près de son bureau et éloigné du chauffoir, il jouit en même-tems d'une douce température et de la plus charmante vue, parce que de ce point où il est forcé de se mettre loin du foyer, il apperçoit par ses deux fenêtres, une belle cam-pagne, ainsi que les allans et venans sur le boulevard, avec le beau jardin du citoyen de Beaumarchais, outre les hauteurs de Belleville qui se trouvent dans le lointain.

Non-seulement ce citoyen est échauffé toute la journée, mais encore toute la nuit : qu'on se rappelle que j'ai dit ci-devant, qu'il y avoit une chambre attenante au cabinet, qui en est séparée par une grande porte ! c'est en face de cette porte qu'est placé le lit de ce locataire : il a soin de faire ouvrir les deux fermetures de cette porte, lorsqu'il veut se coucher, et par là il reçoit toute la nuit la chaleur de son chauffoir ; ainsi ce citoyen se trouve autant chaud, lorsqu'il est couché, qu'il l'est lors-qu'il est levé.

Voilà un second modele de ce chauffoir qui existe à Paris : il se trouve donc sous les yeux de mes concitoyens ! il prouvera, par tout, le bien qu'en ressent le citoyen Sauty, son uti-ité et son économie, sur-tout combien on doit se presser d'abandonner l'ancien syſtême des cheminées : il est certain que les architectes et les maçons ont intérêt de l'admettre, puis-qu'il leur est aisé de changer le plan de chaque maison qu'ils auront à faire, pour y placer des nouveaux chauffoirs, au lieu des chemi-nées. Les artistes et les ouvriers voient que les propriétaires et les locataires sont libres de faire beaucoup de dépenses pour se procurer un chauffoir, comme ils sont libres d'en faire très-peu : ils en ont la preuve par celui-ci, où le marbre, la faïance et la peinture ont été employés, même le cuivre, puisque le citoyen Sauty a voulu que la porte de ce foyer ne fût point de fer, tandis que je ne me suis servi pour la décoration du mien, que de la pierre, de la tôle et d'un enduit simple.

Il seroit facile à ce locataire de faire sa cuisine dans son chauffoir, s'il y étoit forcé par une médiocre fortune : mais certainement, il n'auroit pas loué un appartement aussi-bien décoré : donc qu'il est décidé que ce moyen nouveau de faire du feu dans les maisons, peut être adopté aux salles, salons, cabinets, chambres de parade, en un mot, à toutes les pieces les plus magnifiques ; comme il est décidé pareillement que cette nouvelle construction est encore plus utile pour les cuisines, anti-chambres, bureaux, réfectoires, et surtout pour toutes les fabriques, manufactures, enfin pour toutes les salles de travail où sont assemblées beaucoup de personnes. En effet, deux pareils chauffoirs placés dans la salle la plus vaste, dans celle même de la Convention nationale, seroient assurément bien capables de rendre leur grande capacité d'une douce température : des thermometres, placés aux extrêmités de la salle qu'on bâtit pour la Convention nationale, avertiroient d'ouvrir, de fermer ou d'entr'ouvrir des soupiraux qu'on y placeroit exprès pour entretenir le mercure entre le treizieme et le quatorzieme dégrés. Mais je ne dois pas m'attendre de pouvoir jamais obtenir la permission de faire construire, dans cette salle nationale, mon chauffoir, lorsque je suis constamment repoussé du moindre ouvrage que fait faire chaque jour la nation ! Il me reste la douce consolation d'éclairer les peuples sur leurs vrais intérêts : j'attends toujours que les personnes en place ouvrent les yeux sur mon compte et sur mon travail, que je fais toujours gratuitement pour le bien public.

Dès qu'il est possible de convertir les cheminées en chauffoirs pour tous les appartemens décorés, comme pour tous ceux qui n'exigent que la faculté de pouvoir s'y mettre à couvert ? on en doit tirer la conséquence qu'il est nécessaire de changer toutes les distributions quelconques ; soit pour les palais, soit pour les maisons de plaisance, soit pour les maisons bourgeoises, soit pour les humbles réduits. Il ne s'agira donc plus de s'assujétir à l'usage de former les chambres en quarrés-longs, qui s'adossent les unes aux autres : forme que les premiers et antiques charpentiers ont donné à leurs successeurs, lorsqu'ils ont bâti les maisons avec les bois qui s'allongeoient et se croisoient toujours en lignes droites.

En effet, les matieres minérales doivent-elles assujétir de cette maniere les constructeurs éclairés de ce siecle ? Ces matériaux, plus convenables que ceux tirés du regne végétal pour construire de vrais immeubles, ne forcent point à toujours aligner et à retourner d'équerre tous les murs ! Non ! les pierres ne sont point comme le bois aussi longues, et peuvent être facilement employées dans les distributions des bâtimens à toutes sortes de formes ou figures. Je dis mieux, la construction des murs est moins solide en ligne droite qu'en ligne circulaire. En voici la preuve : un bon architecte de Lyon avoit fait faire une blanchisserie à Montluel, cinq lieues de Lyon : un procès survenu entre le propriétaire et le charpentier, me fit nommer expert, ce qui me donna occasion d'apprendre de l'architecte, qu'il avoit eu bien de la peine et bien eu de peur que les murs de cette blanchisserie ne s'écroulassent lorsqu'il les faisoit construire. Sa crainte étoit fondée sur la grande étendue de cette blanchisserie, qui se faisoit entre deux murs de face seulement, et sur la difficulté de les élever au toit avec un tel isolement, que le moindre réversement pouvoit les faire culbuter. En effet, l'on conviendra que deux murs de face, fort longs, sans être entretenus par aucun mur de refend, et qu'on veut construire de vingt à vingt-cinq pieds de hauteur, sont véritablement en danger d'ébouler, quoique les ouvriers les plus adroits les maçonnent le plus droit et le plus perpendiculairement possible, soit avec leurs lignes ou cordeaux, soit avec leur plomb. On n'a donc pu sauver de la chute le grand corps de bâtiment de cette blanchisserie, que lorsqu'on a pu y placer le toit : si sa forme eût
été

été ovale ? il est certain que cette grande construction n'auroit pas couru le même danger ! mais ce n'est pas ici le lieu de discuter les nouveaux moyens et les formes pour distribuer les bâtimens : il suffit de prouver de plus en plus au lecteur, la nécessité d'user des matériaux que la nature nous a donnés avec profusion pour bâtir, sans aller employer les bois ; il suffit encore de lui faire voir que le vrai genre d'échauffer les maisons, se concilie parfaitement avec les procédés que l'art nous donne pour bâtir en pierres ; il suffit enfin de savoir que l'on peut, par de nouvelles distributions, rendre les logemens beaucoup plus commodes, plus sains, et moins dispendieux.

Avant d'entrer dans toutes ces explications, il faut premiérement que chacun s'assure de toutes les commodités et de toutes les épargnes que peut produire mon chauffage économique ; et quoique je n'aie pas pu encore faire construire une maison entiere de ma composition, où je serois maintenant logé, et où j'aurois pratiqué plus convenablement mon nouveau chauffoir, la place où j'ai bâti celui-ci, dans mon nouvel appartement, suffira aux expériences nécessaires, pour que chacun en puisse reconnoître la bonté.

Expériences faites sur le chauffoir économique.

Le lundi 10 décembre 1791, le thermometre placé dans notre salle, où ce chauffoir a été construit, étoit encore à 13 dégrés lorsque nous nous sommes allés coucher sur les 10 heures du soir ; cependant le feu n'avoit été éclairé que le matin.

Le lendemain, mardi 11, à 7 heures du matin, la salle étoit encore échauffée, puis-que le thermometre n'étoit descendu que de deux dégrés pendant la nuit, ce qui ne paroîtra pas étonnant, lorsqu'on saura qu'en appuyant la main contre les murs du chauffoir, on y ressentoit beaucoup de chaleur.

Pour reconnoître la différence de la température du dedans au dehors, j'ai porté le thermometre au jardin, et j'ai reconnu qu'elle étoit de 3 dégrés ; mais il faut savoir que ce jour n'étoit point froid, que le vent soufloit du midi, et menaçoit de la pluie.

A huit heures, j'ai rentré le thermometre, et j'ai fait éclairer tout de suite le feu dans le chauffoir : comme le tems étoit chaud et humide, je n'y ai fait mettre que trois petites bûches de la longueur ordinaire des voies de bois, dont le diametre de chacune avoit seulement deux pouces & demi ou environ ; ce qui m'a donc produit six moitiés de branches : le thermometre, qui n'étoit qu'à 8 dégrés, lorsqu'il étoit placé au jardin, s'est élevé promptement, pendant la combustion du bois, à 16 dégrés, ce qui démontre une activité de chaleur surprenante.

On observera ici que cette combustion n'a duré que jusqu'à dix heures et quelques minutes, ce qui assure que j'ai ci-devant dit la vérité, que le feu, les flammes et la fumée, dans ce chauffoir, n'ont cours que dans l'espace d'environ deux heures ; mais nous allons nous assurer de la continuité de la chaleur de ce foyer économique, pendant toute la journée.

Le thermometre s'étant donc trouvé à dix heures du matin à 16 dégrés, et le bois entiérement brûlé, j'ai fermé à l'instant les soupapes, relevé les cendres sur les charbons, placé la porte à la bouche, et fermé le petit guichet de cette porte, attendu qu'il n'y avoit plus de fumée, et qu'il étoit nécessaire de tout condamner pour pouvoir contenir et

E

conserver, dans le corps du chauffoir, la chaleur que lui avoit procurée la combustion du bois.

Mais à l'instant la ménagere prévoyante a voulu profiter de son chauffoir ; en conséquence, elle y a inséré un grand pot rempli d'eau et de pommes de terre, qui ont été cuites en très-peu de tems. Voilà comment ma famille se chauffe et se nourrit tout-à-la-fois.

Seize dégrés de chaleur sont sans doute trop pour la santé des personnes, des malades et des infirmes, puisque, selon les médecins, il leur faut la mesure précise, entre 13 à 14 dégrés du thermometre de Réaumur : Aussi mes enfans craignent-elles cette trop grande chaleur ; leur remede pour s'en garantir, ne consiste qu'à tenir les portes de la salle ouvertes : par ce moyen facile, elles font entrer l'air moins chaud de l'anti-chambre et du petit salon qui confinent la salle, et elles se trouvent bien.

A midi, la chaleur a été réduite au quinzieme dégré.

A deux heures, au quatorzieme.

A quatre heures, au même dégré.

A six heures, au treizieme et demi, et c'est alors que la mere de famille a introduit dans le foyer, deux plats pour le souper ; l'un d'un rôti de veau, pour le faire réchauffer, et l'autre d'un ragoût pour le même objet.

A huit heures, le thermometre étoit encore à treize dégrés et un quart.

Enfin, à dix heures du soir, il étoit au treizieme.

Le lendemain, mercredi, en entrant dans la salle, j'ai été frappé d'une chaleur très-douce, et jettant de nouveau les yeux sur le thermometre, j'ai trouvé qu'il n'avoit descendu, comme le jour précédent, que de

2 dégrés : ajoutant à mes remarques plus d'attention, j'ai placé le thermometre dans l'antichambre, il y a descendu d'un dégré ; j'en ai fait autant dans le salon, et j'y ai trouvé le même effet : il résulte donc que la chaleur de l'antichambre et du salon, est moins grande d'un dégré : on en sent la raison ; ces deux pieces ont leurs fermetures extérieures exposées à la rue et au jardin, d'où elles retirent plus de froid que la salle, qui n'en peut recevoir que par ces deux pieces. Ici je dois rappeller mon principe sur la nécessité de faire la distribution des appartemens en corps-de-logis double, parce qu'alors, les chambres étant contiguës, ne peuvent être surprises par l'air froid extérieur, que par un de leurs côtés ; tandis que lorsqu'on fait les maisons entre deux murs de face, ces murs sont frappés du nord et du midi, ou des deux autres vents à-la-fois ; et que par-dessus, ils reçoivent les vents coulis des autres chambres qui les avoisinent : c'est bien pis, lorsqu'on fait des pavillons où l'on perce des fenêtres aux quatre murs de face ; alors l'air, en sentinelle, cherche de tous les côtés à s'introduire dans cette piece isolée, et ne cesse d'y pénétrer, que lorsque l'air intérieur est aussi pesant et aussi froid que l'air extérieur.

Ayant ensuite porté mon thermometre dans le jardin, pendu à un arbre, je n'ai jamais été plus surpris de le voir descendre si bas ; il étoit réduit à 3 dégrés au-dessus de zéro, terme où se forme la glace : pourquoi cette grande différence du froid de ce jour, à celui d'hier puisque le thermometre étoit dans le même jardin, le mardi, à 8 dégrés, et qu'il a été le mercredi à 3 ? c'est parce que le jour précédent, il y avoit beaucoup d'orage, qu'il y a plu presque toute la journée par le vent du midi ! mais le lendemain, le jour étant calme et l'aurore donnant toujours un froid violent, ont la seule cause que le mercure a descendu à 3 dégrés au-dessus de la glace, quoique le vent du midi existoit encore, & qu'il ne faisoit que très-peu de froid. Enfin, après ces expériences, j'ai fait ce mercredi allumer mon chauffoir à huit heures du matin, & n'y ai employé que la même quantité de bois : à dix heures, le thermometre a monté de même comme hier, à 16 dégrés : mon épouse a encore profité de ce chauffoir pour y faire cuire du ris, y faire chauffer le thé & de l'eau pour laver la vaisselle.

A midi, le mercure étoit au quatorzieme dégré.

A deux heures, entre le treizieme et le quatorzieme, et à la même heure j'ai transporté de nouveau le thermometre au jardin, comme le moment où il fait le moins froid dans le jour, et j'ai reconnu que ce froid étoit moindre que le matin, étant au septieme dégré, tandis qu'au lever du soleil, il étoit au troisieme.

A quatre heures, la chaleur de la salle étoit encore au treizieme dégré, et à cette heure, mon épouse a introduit, dans le foyer, un très-grand plat de poires pour les faire cuire, quoiqu'il y eût long-tems que le bois eût brûlé. A six heures, après avoir retiré ces poires infiniment mieux cuites qu'au four d'un pâtissier qui, ordinairement, les surprend et les grille, la fille cuisiniere a mis chauffer de l'eau dans ce même chauffoir pour laver sa vaisselle, et le mercure étoit remonté au quatorzieme dégré : il ne faut point être étonné que le thermometre soit ainsi remonté ; en voici la cause : toute la soirée, nous avons eu beaucoup de personnes qui, ayant entré et sorti, ont ouvert et fermé souvent les portes ; mais si-tôt que la nuit est arrivée, la salle étant bien close par les portes que l'on n'a plus ouvertes, a repris sa chaleur ; par conséquent le mercure a remonté dans le thermometre.

A huit heures, le thermometre est redescendu au treizieme dégré ; ce qui ne nous a pas empêché de faire réchauffer, dans le chauffoir, un ragoût.

Enfin, à dix heures du soir, cet instrument s'est entretenu au même dégré ; il faut, sans doute, l'attribuer au tems pluvieux qu'il faisoit dans cette soirée.

La pluie, à mon réveil, étoit fort grande, et il ne faisoit aucunement froid ; j'ai trouvé aussi dans ma salle le mercure descendu à la ligne de la température, marquée sur tous les thermometres au dixieme dégré ou environ (sur le mien, ce tems tempéré est tracé entre le dixieme et le onzieme dégré). Ayant porté hors de la maison cet instrument, il y a marqué, ce-jourd'hui jeudi 13 décembre 1792, six dégrés au-dessus de la glace ; tandis que le mardi précédent, il y étoit à huit, et le mercredi à trois.

Mais il ne faut point se prendre à ces grandes variations, parce que, comme je l'ai dit, à l'aurore du jour le froid augmente plus ou moins, étant le moment où les nuages sont échauffés par le soleil, et en fondant, en plus ou moins grande partie, ils raffraîchissent l'air et occasionnent d'abord ces gelées blanches, et souvent de telles gelées plus considérables qu'elles font changer la limpidité de l'eau en glace.

Malgré la température de ce jour, j'ai voulu chauffer plus fortement mon foyer, pour retourner mes expériences de toutes les manieres et les bien approfondir ; d'ailleurs un tems pluvieux, nuisible à mes enfans, m'obligeoit à échauffer davantage la salle où elles travaillent toute la journée : en conséquence, j'ai fait prendre six demi-bûches de trois pouces de diametre, au lieu de deux et demi qu'avoient celles dont je m'étois servi jusques à ce jour : le feu a été éclairé à la même heure de huit du matin ; mais le tems, pour brûler ces six moitiés de bûches, a été plus long qu'à l'ordinaire, soit que le bois fût plus gros, soit que le tems humide, comme l'on sait, ait retardé sa parfaite combustion ; de maniere que je n'ai pu fermer les soupapes qu'à près de onze heures : pendant l'ardeur des flammes, le thermometre est monté jusqu'au vingtieme dégré ; mais il n'y a pas séjourné long-tems, cependant il s'est assez soutenu au dix-neuvieme : à dix heures, il étoit au dix-huitieme, et à midi au seizieme.

Ce jour mon épouse, animée du même esprit que moi pour être utile à ses semblables, et ne s'étant jamais méprisée de mettre la main à la cuisine, a voulu faire son expérience : son but, étant de faire cette expérience pour l'utilité des médiocres ménages, l'a porté à faire cuire, dans notre chauffoir, un gâteau de ris : d'abord, elle a mis chauffer de l'eau dans l'âtre pour laver son ris : cela fait, elle a fait cuire le ris, toujours dans le même foyer, jusqu'au point, comme les cuisinieres le disent, que le ris soit crevé : elle y a fait encore griller du pain, et cela sans le secours d'aucun ustensile, ayant posé immédiatement ce pain sur le carrelage de l'âtre ; il y a rôti tout aussi-bien dessous que dessus : il faut, sans doute, que les tranches du pain aient été frappées par la violente chaleur dans tous les sens à-la-fois, soit de la chaleur de la voûte, soit de celle des murs de briques, soit de la chaleur de l'âtre de ce chauffoir. Que l'on juge maintenant à quel point cette petite construction de maçonnerie peut porter sa chaleur,

puisqu'en trois à quatre minutes le pain a été parfaitement grillé dessous et dessus, sans le recours ordinaire de retourner le pain toutes les fois qu'on le veut faire rôtir sur le gril : le pain retiré, elle a fait mettre dans le chauffoir de l'eau pour laver la vaisselle, et pendant ce tems, elle a fait son gâteau, en jettant dans le ris, du beurre, du sel, un peu de fromage de gruyere, et par-dessus, elle a semé le pain grillé, après avoir été pilé et pétri avec un peu du même fromage. C'est alors qu'elle a introduit ce gâteau dans le chauffoir, après en avoir doré le dessus avec un jaune d'œuf : le plat dans lequel étoit ce gâteau, étoit fort large, ayant quinze pouces de diametre, même largeur de la bouche du foyer : ce gâteau a parfaitement cuit, et sa couverture, d'une couleur brunie d'or, donnoit envie d'en manger.

C'est ainsi que les meres de famille pourront, sans beaucoup de dépense, régaler leurs enfans : c'est par le modele de ce mets nourrissant et peu coûteux, que les ménageres auront la facilité de satisfaire de tems à autre leurs domestiques ; enfin c'est avec le ris que les femmes de campagne pourront ragoûter les laboureurs ; car on voit qu'il leur sera aisé de supprimer le fromage de gruyere, pour y substituer celui qu'elles savent faire, suivant le canton qu'elles habitent ; comme aussi que les ménageres agricoles peuvent y ajouter du lait au lieu de l'eau, pour rendre meilleur ce gâteau, attendu que le lait se trouve toujours dans la campagne sous leur main.

Revenons à la suite de l'expérience pour la chaleur qui s'est manifestée dans notre salle, le courant de la journée du jeudi 13 décembre.

A deux heures le thermometre étoit remonté d'un demi-dégré : c'est l'heure, comme je l'ai dit, à laquelle il fait moins froid dans le jour ainsi on n'en doit point être furpris, comme on ne doit pas l'être, si ma famille peut foutenir cette grande chaleur dont elle est aifément soulagée en tenant les portes de l'appartement ouvertes.

A quatre heures, on a mis chauffer de nouveau de l'eau pour laver la vaiffelle ; et le thermometre étoit defcendu entre le quinzieme et le seizieme dégré.

A six heures, il s'est trouvé au quinzieme.

A huit, entre le quatorzieme et le quinzieme.

Enfin à dix, il étoit au quatorzieme dégré : on remarquera que toute cette journée du jeudi, les brouillards & une petite pluie n'ont pas discontinués, & que le tems n'étant qu'humide & non froid, le thermometre a dû conserver un certain période de dégrés, d'autant mieux que j'avois chauffé le foyer plus qu'à l'ordinaire : avant de nous coucher, mon épouse a penfé que pour la nourriture de son ménage de demain vendredi, elle avoit des mets à apprêter en maigre, & qu'il lui feroit avantageux de profiter de la chaleur de la nuit de notre chauffoir. Cette prévoyance l'a conduit à mettre dans un grand pot, rempli d'eau, des haricots secs : ainsi ce pot a été introduit dans le chauffoir : la porte mise sur la bouche, nous nous fommes allés coucher.

Le lendemain, vendredi 14 décembre, nous avons trouvé les haricots enflés, l'eau tiede et le pot chaud : c'eft positivement ce qu'exigent les ménageres pour enlever le goût âcre de ces légumes, et ce qu'elles font toujours avant de les faire cuire dans une nouvelle eau : si elle ne mettent point gonfler les haricots la veille du jour qu'elles veulent s'en servir, c'est pour épargner deux feux et un embarras de plus ! Mais mon chauffoir procure cette commodité et cette économie, sans qu'il en coûte absolument rien. Que l'on juge maintenant de mille et mille

autres petits moyens de se retourner, qu'auront les cuisinieres chaque jour de l'année, en profitant d'un feu qui ne s'éclaire, brûle et prend sa fin que pendant l'efpace d'environ deux heures.

Le tems continue toujours d'être sombre, humide et doux ; le thermometre s'est trouvé ce matin à sept heures dans la salle au même dégré de 11, comme les précédens jours, et dans le jardin, il a baissé seulement jusqu'au huitieme dégré.

A huit heures, j'ai fait éclairer le feu pareillement avec six-demi bûches, mais moins grosses que celles d'hier, ce qui a fait que le thermometre ne s'est élevé, pendant la combustion du bois, qu'au dix-septieme dégré, tandis qu'hier il s'étoit porté au vingtieme. Indisposé, mon épouse a voulu me faire une rôtie au sucre ; pour ce, elle a fait griller le pain aussi lestement qu'hier, sans en retourner les tranches.

A dix heures et demie, le bois ayant fini de brûler, les soupapes ont été aussi-tôt fermées, et le thermometre étoit au seizieme dégré.

A midi, il étoit au quinzieme, même moins. C'est alors que mon épouse a fait cuire dans le chauffoir deux carpes accommodées avec de l'huile, poivre et sel, & qu'elle a ensuite panées : *nota*, toujours l'eau pour laver la vaisselle a été mise soir et matin dans le foyer, pour y être chauffée ; ainsi je n'en parlerai plus.

A deux heures, le mercure étoit au quatorzieme dégré, et le tems étoit toujours couvert et mal-plaisant : mes enfans ont inséré dans le chauffoir, après la cuiffon des carpes, un grand plat de pommes où étoient quelques poires.

A quatre heures, à six et à huit heures, le thermometre s'est soutenu au même dégré de quatorze, fans doute à cause du tems fort doux qu'il fait.

Enfin à dix heures du soir, il étoit entre treize et quatorze dégrés, et avant de nous coucher, nous avons été d'avis de faire griller, pendant la nuit, du pain dans le chauffoir, afin d'en tirer tout le parti possible ; ce qui nous a très-bien réussi, puisque le lendemain nous avons trouvé les tranches de pain rôties suffisamment, puisqu'on a pu les bien piler. Ainsi les cuisinieres auront encore cet avantage de plus, de pouvoir faire cette préparation dans la nuit, qu'elles trouveront sous la main à leur lever.

Le samedi quinze Décembre 1792, la chaleur de notre salle est toujours au même dégré de onze, et celle du dehors à sept dégrés et demi, hier elle étoit à huit. Ce jour voulant faire une grande expérience sur notre chauffage économique, j'avois prévenu à cet effet un pâtissier : de son avis, nous avons chauffé le foyer plus qu'à l'ordinaire, en y mettant toujours six demi-bûches de bois, mais un peu plus groses, ayant trois pouces et demi de diametre : à huit heures, le feu a été éclairé, et le thermometre est monté aussi-tôt au dix-huitiéme dégré : pendant que le bois brûloit, le pâtissier a fait un gros pâté, mais pâté ordinaire ou de campagne ; voici comment : mon épouse avoit acheté cinq livres pesant de veau ; quatre livres et demie de cochon, deux livres et demie de beurre, une de lard, quatre litrons de farine, deux œufs, enfin sel et poivre : le pâtissier croyant que mon chauffoir ne seroit jamais assez chaud, se dépêchoit de faire son pâté, et l'ayant fini, il a voulu qu'on reculât à la bouche les charbons ; ensuite il a enfourné son pâté au fond : il étoit l'heure de dix et demie ; mais aussi-tôt que le pâté a ✠ dans le chauffoir, il a commencé à prendre couleur, et par malheur pour mon pâtis-¤ feu a pris au papier ; pour y remédier, ¤ mouillé plusieurs feuilles d'autre pa-

pier, et les a appliquées successivement sur le pâté : inutilement le feu s'est mis de nouveau à ces papiers : alors je l'ai forcé de m'écouter, il m'a heureusement obéi : nous avons retiré le pâté du chauffoir, et repoussé les charbons au fond de l'âtre, ensuite, après avoir remis ce pâté plus près de la bouche que du fond, nous avons eu plus d'espérance de ne pas voir gâter ce mets.

Le pâtissier étoit tout étonné de la chaleur que produisoit mon chauffoir ; il ne cessoit de dire qu'il n'auroit jamais cru qu'un si petit corps pouvoit la procurer si grande. Il s'est retiré à ses occupations ; mais sa curiosité l'a fait revenir plusieurs fois pour examiner son ouvrage ; enfin il a fait retirer le pâté à deux heures, bien beau, bien cuit, mais se ressentant de la brûlure du matin.

Continuons les remarques journalieres ; je reviendrai à la cause de la grande chaleur de ce chauffoir.

A midi, le mercure étoit descendu au 15e dégré ; à deux heures, au 14e, et depuis lors, jusqu'à dix heures du soir, il s'est soutenu entre le 13e et le 14e dégré. Les pommes et l'eau ont été alternativement insérés dans ce chauffoir. Enfin au moment de nous coucher, nous avons placé dans l'âtre des tranches de pain, et le thermometre étoit à 13 dégrés.

Reprenant l'expérience que j'ai faite ce matin, j'invite toutes les personnes impartiales et dépouillées de tous préjugés, de vouloir bien l'étudier avec moi et l'approfondir.

Je dirai d'abord que jusqu'à présent on a cru que la chaleur des meilleurs fours, ne provenoit que lorsque leur voûte qu'on nomme chapelle, étoit la plus basse et la moins courbe possible : je dis que l'on s'est trompé, même ceux qui ont donné des régles et des dessins sur la construction des fours, pour les bâti-

ét
de la
sier, l
il a vîte

suivant ces principes : voici mon raisonnement :

De la maniere qu'on a toujours construit les fours, ils n'ont pu tirer de chaleur, quelque grand feu qu'on y ait fait, que de leurs voûtes et âtres, et presque aucune des murs de leur pourtour : on sait qu'on fait ces murs si peu élevés, pour pouvoir baisser, autant qu'on le peut, la voûte, qu'il n'est gueres possible qu'ils puissent échauffer la capacité des fours : aussi les boulangers et les pâtissiers ne considèrent-ils jamais ces murs; ils ne portent leur vue que sur la chapelle ou sur l'âtre, et c'est à leur inspection, lorsque ces deux objets sont presque rouges, qu'ils jugent que leur four est suffisamment échauffé, pour y faire cuire ce qu'ils veulent : il faut donc qu'ils emploient une grande quantité de bois, pour pouvoir échauffer toute l'étendue de la voûte et de l'âtre, qu'ils fassent flamber du bois mince, tels que des fagots, des copeaux et autres bois de brin, pour pouvoir faire recourber les flammes sous la voûte, au point qu'en forçant cette inflammation, ils font ressortir les flammes par la bouche : ils ne se contentent pas de ce moyen, pour donner la plus grande chaleur, ils font parcourir de place en place le bois qui brûle et ses charbons; enfin ils usent de toutes les ressources pour pouvoir atteindre la plus forte chaleur.

Je suis fondé à soutenir qu'on a été et qu'on est dans l'erreur pour la construction des fours: qu'on daigne réfléchir sur ce qui m'est déja arrivé en 1789, où un pâté que je fis cuire alors dans le premier foyer que je fis construire, fut brûlé, voyez mon chauffage économique page 17, il est certain que le modele que je présente est infiniment meilleur; pourquoi ce petit modele de four de 1789 et celui que je viens de faire bâtir en 1792, gardent-ils

cette exceffive chaleur, quoiqu'on y brûle très-peu de bois ? C'est parce que leur construction entiere concourt à la donner! Non-seulement la voûte et l'âtre de mon nouveau chauffoir agissent pour entretenir la chaleur, mais encore toute l'enceinte des murs à-la-fois. Il est très-essentiel de remarquer que je porte la voûte de mon petit chauffoir beaucoup plus haut que l'on ne le fait pour de plus grands fours : cependant on avoit, comme je l'ai précédemment dit, l'idée que les voûtes les plus basses servoient à augmenter la chaleur : mais lorsqu'on fera attention que les murs de briques gardent en eux une chaleur permanente? Lorsqu'on se rappellera que la chaleur lance continuellement des étincelles à une certaine distance? Lorsqu'on pensera que les surfaces intérieures des murs de mon chauffoir produisent plus de chaleur que l'âtre et que la voûte ? On conviendra assurément que si tous les fours de boulanger et de pâtissier étoient faits de la même maniere que mon chauffoir, ils seroient infiniment plutôt et mieux échauffés, en usant beaucoup moins de bois.

Pour renverser avec plus de force tous les vieux préjugés sur la construction des fours de boulanger, j'étayerai mon principe par un exemple frappant et connu de tout le monde, sans qu'on y ait songé.

Les fours, où l'on met cuire les briques, la tuile, la pierre pour faire la chaux, le plâtre, et que l'on construit en murs de briques, ne cuisent-ils pas parfaitement ces matieres fort dures, et qui le sont infiniment plus que le pain et la pâtisserie? Eh bien! ces fours ne sont cependant construits qu'avec des murs de briques sans voûte : ce sont donc les briques brulantes de chaleur qui font cuire, autant que les flammes qui traversent dans la masse, les matériaux que j'ai ci-devant désignés? Maintenant doit-on être surpris, si mon petit foyer produit une si grande chaleur dans mon appartement ? ne doit-on pas l'attribuer à mes petits murs de briques ? Et si je n'étois pas forcé de construire fort minces les murs de mon chauffoir, dans le but de les laisser pénétrer par la chaleur, à l'effet de la laisser répandre pour échauffer une salle, un salon, une chambre, il n'est pas douteux qu'en faisant ces murs fort épais, je gagnerois une chaleur si prodigieuse dans la capacité de ce foyer, que tout ce qu'on y introduiroit seroit à l'instant grillé et consumé: au point, qu'il seroit possible d'y faire fondre du plomb par l'effet seul de la chaleur, sans le besoin d'aucun charbon ardent.

Voilà deux fois que les pâtissiers se sont trompés en voulant trop chauffer mon foyer, et y mettre trop tôt les pâtés: mon épouse, qui connoit mieux la portée de sa chaleur, ne fait jamais insérer les mets qu'elle veut faire cuire qu'une ou deux heures après que le bois est brûlé. C'en est assez pour faire connoître jusqu'à quel point le nouveau chauffage économique peut être utile aux ménages, et combien il est évident que les fours des boulangers et autres n'ont point atteint la perfection qu'on a cru qu'ils avoient; ainsi, je vais continuer les expériences que j'ai faites le courant de cette semaine.

Le dimanche 16 décembre 1792, j'ai trouvé à huit heures du matin le mercure au 11e dégré; et hors de la maison, il est descendu au 7e : la même quantité de bois a été mise au foyer, et à 10 heures le thermomètre s'est porté à 16 dégrés; les soupapes fermées, il est descendu à midi au 15e, et au 14e à 2 heures; il a resté entre le 13e et le 14e dégré jusqu'à 10 heures du soir : mais à mi-

nuit que nous nous sommes allés coucher le mercure n'étoit plus qu'au 13e.

J'ai fait cuire, ce jour de dimanche, un gros dinde dans ce chauffoir; il a été enfourné à midi, c'est-à-dire, deux heures après que le bois a été entièrément consumé : ce dinde a été retiré à une heure et demie, et s'est trouvé parfaitement cuit, ni trop, ni trop peu : ainsi l'on voit que mon épouse, qui s'est mêlée seule de la cuisson de ce rôti, connoissoit mieux la chaleur de ce foyer que le pâtissier.

Les personnes judicieuses, d'après les expériences faites dans cette semaine, peuvent aisément en tirer le meilleur augure.

Le thermomètre, malgré le tems pluvieux, ou rempli sans cesse de brouillards, avec une température plutôt chaude que froide, a constamment suivi sa marche: dans la salle que j'ai ci-devant désignée, le mercure étoit la veille, bien avant dans la soirée, au 11e dégré, et le lendemain matin, au 13e : en dehors dans le jardin, il est descendu de trois à quatre dégrés dès la pointe du jour; et cet instrument rentré dans la salle, s'est toujours porté au 16e ou 18e dégré, lors de la combustion du bois; dès que le bois étoit brûlé, le mercure descendoit de deux en deux heures d'un dégré ou environ, jusqu'à ce qu'il fût arrivé entre le 13e et le 14e dégré ; et c'est à ce point qu'il s'est soutenu le reste de la journée, même bien avant dans la nuit.

Peut-on trouver une plus douce température pour les appartemens ? non, sans doute ! j'ai déjà dit que les médecins désirent toujours que pour la santé, on ait, dans les maisons qu'on habite, le dégré de la chaleur de 13 à 14; et positivement toutes les familles, avec mon chauffoir, jouiront de cette chaleur favorable : mais un bien aussi grand pour le genre humain, n'est n'est pas le seul que ce chauffoir lui procurera ? il faut à nos corps non-seulement une chaleur modérée, mais encore une nourriture journaliere ! on a vu combien il est facile de se procurer l'un et l'autre avec ce nouveau foyer, sans qu'il n'en coûte qu'un seul feu, soit pour se chauffer, soit pour préparer ses repas. Pour tant d'avantages, il ne s'agissoit cependant que d'aller reprendre la méthode la plus simple de faire le feu ; j'étois logé dans un grenier, et il y falloit nécessairement chauffer et nourrir ma famille nombreuse : mon souci me porte à bâtir un nouveau chauffoir de mon idée, avec la plus grande économie ; j'y parviens, et il se trouve heureusement que j'ai bien rencontré.

Je suivrois les expériences de la chaleur que produit cette maniere simple de faire le feu dans les appartemens, si je la croyois nécessaire pour l'intelligence de mes lecteurs ; mais les épreuves que je viens de faire doivent suffire, et me permettre de passer à d'autres objets aussi intéressans : je dirai seulement, en définitif, que le lendemain du dimanche, le vent du nord s'est enfin déclaré, et que j'ai trouvé mon thermometre, dans la salle, toujours au onzieme dégré, mon foyer encore chaud de la veille, et que le mercure cette fois, hors de la maison, à cause du tems beau et serein, est descendu au zéro du thermometre, ou positivement à la glace.

TROISIEME PARTIE.

J'ai ci-devant annoncé que ce nouveau chauffoir se construit avec l'art seul de la maçonnerie, ce qui facilitera tout le monde pour se le procurer : En effet, aura-t-on besoin de recourir aux poëliers, aux faïenciers, aux marchands de fer, aux fabriques de tôle, aux forges ? non, sans doute ! c'est aux ouvriers-maçons seuls qu'appartient cette construction. Eh ! ne sait-on pas que l'on trouve des maçons par-tout, jusqu'au moindre village, dans le plus petit hameau ! ne sait-on pas aussi que l'on a sous la main les matieres propres et simples, telles que les briques et la terre à four pour construire ce foyer à l'heure même qu'on en prendra l'envie ! Il n'en est pas de même des autres ouvriers et matériaux pour les poëles et fourneaux : si les briques sont communes et peu cheres ? les fontes, faïences, sont rares et fort dispendieuses ! ce n'est d'ailleurs que dans les grandes villes où l'on voit une foule de poëliers, de faïenciers, de magasins remplis de poëles, de potagers mêmes, de toutes sortes de formes et de matieres. Francklin, dans son instruction pour construire les poëles, appelle à lui différens ouvriers et marchands : l'artiste, qui a perfectionné ensuite ces poëles Francklin, exige encore d'autres ouvriers et marchands : car ce dernier employe le bronze, la dorure, et tous deux ne peuvent se dispenser de la main du maçon pour établir leur foyer économique, disent-ils ; mais vainement ils ne sauroient prouver cette économie, lorsque l'achat seul de leur poële absorbe d'avance l'épargne du bois de trois à quatre années, si toutefois on épargne le bois avec leur construction, ce que je ne crois pas ; puisqu'il faut, pour entretenir la chaleur d'un appartement, mettre continuellement du bois dans ces poëles, en un mot, y remettre de nouveau bois le long de la journée toutes les fois que celui que l'on y avoit précédement mis, a été brûlé, sans quoi leur foyer se refroidiroit, et feroit geler les personnes qui veulent se chauffer depuis le matin au soir.

Ah ! sans doute, les poëles-Francklin sont trop chers : lorsqu'on considère que le moindre coûte 150 livres, jusqu'à 200 livres, et que les autres plus considérables se payent jusqu'à vingt-cinq louis ? il est bien sensible que cette acquisition est trop forte pour les peres de famille, qui ont d'ailleurs la perspective inquiétante de ne retrouver cette forte dépense dans l'économie du bois qu'on suppose à ces poëles, que dans un avenir éloigné ! mais si au bout de trois ou quatre années, ce poële Francklin pouvoit faire rentrer par l'économie du bois la forte emplette de son acquisition ? n'y auroit-il pas alors des réparations à faire à ce poële, qui y est d'ailleurs fort sujet par sa nature métallique ! donc que cette nouvelle dépense, en réparations, renverroit encore à d'autres années plus éloignées l'économie que le pere de famille s'étoit proposée en achetant le poële à la Francklin ?

Ce sont des vérités que je dois au public, pour l'éclairer dans cette partie des dépenses ménagères où il est forcé: Non, chacun doit se garder de recourir davantage aux poëles qui exigent le travail des forges avec la fonte des matieres ferrugineuses : le métal n'a jamais convenu aux hommes pour y faire du feu; je le prouverai incontestablement : je me rappelle que dans ma jeunesse, j'ai toujours été surpris de l'invention des marchands poëliers du commun, que l'on nomme dans la ville de Lyon, *PERES-ROUX*: parce que des montagnards d'Auvergne et de Savoie viennent à la veille de tous les hivers dans cette ville, y fabriquer des poëles; qu'en les forgeant, ils se salissent tellement les mains avec le visage, ainsi que leurs habits, qu'ils ressemblent et sont aussi noirs que les ramoneurs de cheminée : Ces peres-roux donc, ou mieux le plus adroit d'entr'eux, avoit imaginé, au commencement de ce siecle, de renverser, l'une sur l'autre, deux marmites de fonte : mais il avoit conservé les pieds à celle qui se trouvoit dessous, tandis qu'à celle qui étoit abouchée dessus, il lui avoit coupé les siens : pour réunir exactement ces deux marmites ensemble, il y avoit ajouté un gros cercle de fer ; c'est entre ces deux marmites qu'étoient le cendrier et le foyer au moyen d'une grille, et c'est sur cette grille où l'on brûloit du bois ou du charbon de terre. D'autres poëliers ensuite ont couronné ces deux marmites par une impériale de tôle qui se déplaçoit à volonté, au moyen d'une pomme, ou boule de cuivre : Ainsi, c'étoit un diminutif du poële Francklin, où la fonte, le fer, la tôle et le cuivre étoient employés : Des artisans plus éclairés entre 1730 et 1740, voulurent soustraire le public à l'habitude que lui avoient fait contracter les ingénieux montagnards de se chauffer avec les poëles de métal ; alors on vit éclorre les poëles de faïence ; et des faïenciers quitter leur fabrique de plats, d'assiettes, pour ne s'occuper désormais que des poëles : mais ces derniers ne songerent point que leur forme devoit un jour tant s'aggrandir avec leur décoration ; ils ne se servirent jamais que d'un même modèle de poële de faïence, et ne devinerent jamais la cause et l'effet de sa chaleur ni de celle qu'il leur étoit si facile d'augmenter. Il est vrai qu'ils ajouterent dans la case de chaque piece de faïence des cailloux avec de la terre grasse ; et par ce moyen simple, ils maintinrent un peu plus long-temps la chaleur. Ce n'est donc que long-temps après que l'on imagina les tuyaux de chaleur avec leur circonvolution, et que l'on crut avoir trouvé l'unique moyen d'échauffer les appartemens; et c'est dans ce temps même, où tous les arts prirent un si grand essor, que l'on vit des constructions charmantes de poëles avec la seule matiere de la terre cuite et faïencée ; au point qu'un très-grand nombre de magasins répandus dans Paris, renferment de ces objets, plus variés les uns que les autres, en sculpture, en ornemens, en colonnes, en piédestaux, soit carrés, soit circulaires ou oblongs, de maniere que cette capitale est fournie de quantité de chauffoirs très-beaux et les mieux décorés. Il seroit à souhaiter que ces poëles fussent construits avec le principe que j'ai indiqué ; et je conseillerois aux riches de s'en servir ; mais j'ai lieu d'espérer que bientôt tous ces fabricans s'occuperont de réformer le vice de leurs poëles, et qu'ils les construiront plus convenablement ; car il faut avouer que les faïenciers peuvent servir le public avec succès en s'assujettissant aux regles que j'ai prescrites ; alors les personnes opulentes pourront jouir de foyers magnifiques et en même temps fort chauds; mais je dois penser, avant tout, aux simples ménages; à cet effet, je vais leur découvrir la maniere de faire bâtir chaque chauffoir par les mains d'un seul et simple maçon.

Si le chef d'un médiocre ménage veut, par cette raison, user de la plus grande économie? son maçon examinera d'abord la grandeur de la chambre où il se propose de faire construire le foyer, afin de ne point le disproportionner ; car il ne faut point faire un grand chauffoir dans un petit appartemént; on y auroit trop chaud ; d'ailleurs ce seroit user du bois mal-à-propos. Par exemple, si la chambre se trouve avoir 16 pieds de longueur sur 14 de largeur? le maçon pourra faire son foyer de 18 pouces de large sur 24 de long dans œuvre, c'est-à-dire, que l'âtre ou l'intérieur du chauffoir aura ces deux mesures, ou à quelques pouces près ; c'est au dehors de ces deux dimensions, qu'il bâtira ses petits murs de briques; mais la petitesse de ce foyer exige que le maçon n'emploie que des briques de deux pouces et demi, ou trois pouces au

plus d'épaisseur ; afin que la chaleur concentrée puisse parvenir à traverser cette moyenne épaisseur de briques, et se répandre insensiblement dans la chambre, depuis le matin au soir ; autrement si l'ouvrier avoit la maladresse de construire ce petit chauffoir avec des briques plus larges? il en résulteroit que le chauffoir seroit plus long à s'échauffer le matin : voyez cet inconvénient dans mon premier ouvrage, page 18.

Si la chambre avoit 24 pieds de longueur sur 18 de largeur? alors le maçon jugera qu'il faut donner à ce chauffoir plus d'étendue, à l'effet de pouvoir échauffer l'atmosphere de cet appartement, plus vaste du double au moins que celui dont je viens de parler : mais il ne faut pas croire qu'à cause que cette chambre de 24 peids sur 18, soit double en capacité de celle de 16 sur 14, il faille de même doubler les dimensions du chauffoir : non, lecteur ! vous diréz au maçon de donner à celui-ci 21 pouces de largeur, sur 30 de longueur dans œuvre, et cette petite augmentation suffira au-delà pour y faire un grand feu; par conséquent, pour échauffer l'air qui séjournera dans cette grande chambre.

Qu'il me soit permis de représenter aux jeunes artistes et aux ouvriers, que ce qu'ils croyent si facile à exécuter, ne se trouve pas cependant exempt de combinaison ! Je sais que mon chauffoir est on ne peut plus simple; mais il est susceptible de certaines proportions, d'où dépendent et l'économie de la consommation du bois, et la chaleur la plus modérée pour la santé, ainsi que pour les apprêts de la cuisine. J'ai donc raison de prévenir les architectes, les maçons et les propriétaires, au fait des bâtisses, d'étudier les dimensions des chauffoirs qu'ils auront à faire construire, pour les rendre parfaitement utiles ; et je puis leur assurer d'avance qu'en y portant un peu d'attention, ils jugeront comme moi que les cheminées ne sont pas à comparer à cette invention, quoique la plus simple, et si aisée à mettre en pratique.

Il me seroit difficile d'apprécier le juste prix de ce que chaque chauffoir doit coûter; l'on sent mon embarras : cela ne depend-il pas de leur grandeur, de leur forme et de l'embélissement que chacun se proposera de leur donner? les uns le voudront presque brut; d'autres un peu décoré; et les riches chercheront à le rendre superbe.

Je viens de désigner deux chauffoirs, pour une petite et pour une grande chambre : appliquons-les à d'autres appartemens sous d'autres dénominations. Le petit chauffoir de 18 pouces sur 24, un peu plus ou moins, peut également servir aux cabinets, aux antichambres, aux petites bibliotheques et autres pieces décorées, comme il sera également utile aux maisonnettes des journaliers de la campagne, et des artisans des villes, ainsi qu'à tous petits fabricans, dans quelque lieu qu'ils habitent; le grand chauffoir de 21 pouces sur 30, doit être employé pour les appartemens de parade, tels que pour les salles, salons, vestibules, grandes antichambres et autres pieces des personnes riches; ce même chauffoir sera encore de plus grand service aux manufactures, pour y échauffer plusieurs ouvriers fabricans qui y sont ordinairement réunis, et tous autres vastes appartemens; d'après cet apperçu, je vais reprendre mon petit chauffoir pour en donner les détails.

Construction d'un Chauffoir dessiné dans la douzieme planche.

Le maçon fera emplette chez un marchand ou fabricant de tuiles, premiérement de 100 briques de deux pouces et demi, ou de trois pouces de largeur au plus, sur huit pouces de longueur et deux d'épaisseur; secondement de 36 grands carreaux de foyer ou d'âtre, de sept pouces en quarré et d'un pouce d'épais; troisiémement d'un bout de tuyau de terre cuite, dont le diametre soit égal à celui des tuyaux de tôle dont on voudra se servir pour la conduite de la fumée : plus, le maçon s'approvisionnera d'une suffisante quantité de terre à four pour lui servir de mortier pour la pose de ses briques, en un mot pour lier toute la construction de son chauffoir : il recueillera aussi dans les champs ou dans les rues, plusieurs tuileaux ou débris de tuiles cassées, afin d'en former la petite voute sur les petits murs de briques; il se munira aussi d'une petite pierre qu'il retaillera, s'il ne trouve pas une petite dale toute taillée, à l'effet d'en faire une petite tablette pour l'entrée de la bouche du chauffoir.

Voilà les seuls matériaux qui lui sont nécessaires pour pouvoir édifier cette construction, et l'on voit que cet approvisionnement n'est assurément pas considérable ni difficile.

Je suis de nouveau arrêté ici, et je ne saurois passer outre, malgré les continuelles interruptions que je fais dans mes discours; car il n'en est pas de même d'écrire pour la politique et pour la morale, comme d'écrire pour l'instruction: celle-ci oblige à des répétitions forcées toutes les fois qu'il se rencontre des branches qui conduisent au but principal : l'auteur artiste qui ne voudroit que briller, s'inquiéteroit peu de l'embarras où se trouveroit son lecteur, pour faire d'élégantes phrases suivies; mais moi, je ne me pique point de bien écrire, mais de bien instruire; d'après cet avertissement, je pense qu'on me passera mon style non étudié, qui ne sera pas sans doute du goût de ceux qui n'aiment que la gloriole, et sur-tout de cet érudit qui me faisoit une grande affaire d'avoir mis un solécisme dans un mémoire que je présentai à la société d'agriculture de Paris.

L'objet donc qui m'empêche de suivre le fil de mon discours, consiste à conseiller aux maçons et à tous ceux qui voudront faire construire, d'après moi, des chauffages ménagers, de faire un choix des briques qu'ils acheteront chez les marchands : celles que je connois à Paris pour être les meilleures, sont incontestablement les briques que l'on tire de la Bourgogne : sur le port Saint-Bernard, on y trouve ces qualités que je préfère à toutes les autres ; il y a des briques si cuites, qu'elles sonnent, lorsqu'on les frappe, comme une cloche : il y en a aussi qui sont noircies pour avoir été exposées au feu le plus violent dans le four ; celles-ci sont d'une densité si grande, que l'on a peine à les briser à grands coups de marteau ; en un mot, elles sont presque aussi dures que le fer d'où elles dérivent ; ou enfin, il faut que la terre avec laquelle on fait ces briques en Bourgogne, contienne une très-grande quantité de fer. Quoi qu'il en soit, l'ardeur du feu fait éclore assurément cette nature ferrugineuse, puisque j'ai vu dans la Picardie de semblables briques, très-dures et presque noires, entre des milliers d'autres moins cuites et d'un rouge clair, pour avoir été placées le plus près du feu.

Il faut savoir de plus que l'on nomme ces briques d'un rouge très-brun, même de la couleur des mâchefers, *briques cirées*, ou *briques graissées* : parce qu'enfin, il faut apprendre tous les termes usités des ouvriers qui servent grandement dans l'occasion : ces termes ici seront d'une grande utilité pour faire construire d'excellens chauffoirs. D'après tout ce que je viens de dire, j'assure que si l'on fait choix des briques les plus cuites, comme celles que j'ai désignées par briques cirées ou graissées ? On peut être persuadé d'augmenter infiniment la chaleur des foyers, même en diminuant la consommation du bois : cette espece de briques est si avantageuse pour supporter le feu le plus ardent sans se dégrader, qu'il ne faut pas balancer d'en faire le choix chez les marchands , dussent-elles coûter plus que les autres ; ou plutôt dût-on les payer quelque petite chose de plus pour avoir la permission du vendeur de les choisir dans le tas ou monceaux de briques ?

Dans les deux modèles de chauffoirs que j'ai fait construire, j'ai eu le malheur de ne point employer ces qualités de briques : cependant on a vu quelle grande chaleur j'ai obtenu : que l'on juge maintenant , si j'avois fait usage de ces briques de Bourgogne, et sur-tout que je les eusse choisies, telles que celles que j'ai désignées , si je n'aurois pas procuré dans ma salle une excessive chaleur, ou plutôt en voulant réduire cette chaleur au 13ᵉ ou 14ᵉ dégré du thermomettre, si je n'aurois pas été obligé de mettre dans mon chauffoir moins de bois ! je terminerai cette observation par dire que les briques cirées ou graissées, ou bien les briques bien cuites, doivent conserver beaucoup plus long-temps la chaleur du feu que celles qui l'étant moins, le laissent échapper et se refroidissent bientôt, et je ne puis encore finir cet article essentiel, sans rappeller au lecteur ces bûches de terre cuite que l'on place derriere le bâtit du feu dans les cheminées : on sait donc que la terre cuite conserve long-tems la chaleur, puisqu'on met dans le feu des bûches de terre cuite , qui alors représentent les branches de bois , à l'effet de renvoyer la chaleur du foyer des cheminées dans l'appartement ? je n'en veux pas davantage pour prouver la bonté de mes nouveaux chauffoirs, et pour dissuader les plus opiniâtres qui ne sauroient plus faire usage des cheminées, sans blesser le bon sens.

Reprenant la suite de la construction du petit chauffoir, je dis que, lorsque le maçon aura fait l'approvisionnement des petits matériaux que j'ai indiqué, et qu'il les aura fait transporter dans la chambre d'environ 16 pieds de longueur sur 14 de largeur, il tracera sur le carrelage de cette chambre, dans la place qu'aura choisi le propriétaire ou le locataire, la figure qu'il voudra donner à son chauffoir.

Dans la planche 2ᵉ, j'ai tracé sa forme, (voyez fig. 1), en quarré long, mais arrondie d'un côté, et mon intention a été de donner cette forme circulaire au fond de l'âtre, pour faire couler la fumée sans obstacle dans le tuyau. L'intérieur de ce chauffoir a 18 pouces de large sur 25 pouces de profondeur, et sa porte a d'ouverture par le bas 14 pouces, en diminuant de deux pouces aux deux derniers rangs de briques, voyez cette porte ou bouche, fig. 3. Pourquoi cette plus grande ouverture en bas qu'en haut ? C'est pour pouvoir y faire passer les larges plats , et l'étrécissement du haut n'empêche point aux rôtis d'entrer, parce qu'ils sont toujours en pyramide. Ces détails sont, je le sais, assez minutieux, mais ils sont importans : il m'est arrivé de me voir obligé de faire tailler sur place la porte de mon premier chauffoir, parce que les plats et terrines ne pouvoient y entrer, comme il est arrivé à un ancien architecte de Lyon, d'avoir construit le clocher de la ci-devant abbaye de Saint-Pierre, sans avoir combiné ses mesures; de maniere, que lorsque les cloches furent montées et posées, et qu'on voulut les faire sonner, elles toucherent les murs; ainsi on fut obligé de tailler sur place les pierres, à l'effet d'avoir l'espace nécessaire pour la volée des cloches : Étant commis chez l'architecte cor-respondant de l'académie d'architecure de Paris, je vis celui - ci plus attentif; car nous fûmes prendre la mesure de plusieurs clochers, pour en bâtir un d'une église, dont il étoit chargé de la conduite, craignant sans doute la risée du public, que son confrere avoit essuyé.

Lorsque le maçon aura tracé le plan de son foyer, il se mettra à faire les piliers marqués dans la même planche 2ᵉ, par A aux figures 2, 3, 4 et 5. Comme ce modele dans cette planche ne concerne que les ménages , usant de la plus grande économie, le maçon doit, par cette raison, exclure la dalle de pierre de taille, et ne faire le fond qu'avec de simples briques moins coûteuses. Ainsi il rapprochera ses piliers plus près les uns des autres, à l'effet de faire reposer la longueur de chaque brique, et cependant laisser entre les piliers assez d'ouverture pour y pouvoir passer les pieds dessous, afin d'être assis plus commodément près du chauffoir, et en même-tems faire chauffer les pieds à chaque personne,

Ces briques du fond, marquées dans les mêmes figures 2, 3, 4 et 5 par la lettre B, doivent être de la plus grande largeur et longueur possibles, afin de multiplier le moins que l'on pourra, les piliers sous le chauffoir; mais pour toutes les autres briques, le maçon se servira des plotets de trois pouces au plus de largeur; quant à leur longueur, cela devient indifférent : en conséquence, l'ouvrier élevera sur le plafond les petits murs marqués C, fig. 1, 4 et 5, avec ces plotets jusqu'à la hauteur de 9 pouces, et c'est à cette élévation qu'il doit faire sa voûte: pour y parvenir, il faut qu'il se serve d'un petit ceintre en bois; mais ici le maçon doit faire lui-même le charpentier, puisqu'il ne lui faut qu'une scie et des bouts de planches : Un vieux maçon que j'ai eu pendant long-tems, m'a toujours construit les ceintres en bois des nombreux potagers que j'ai fait faire; et si j'avois su alors le moyen de supprimer les cheminées, il m'étoit aisé de faire faire à cet habile maçon une infinité de nouveaux chauffoirs.

En jettant les yeux sur la fig. 4, on voit que ce ceintre en bois doit avoir un peu moins de 18 pouces de largeur, pour donner l'aisance de le retirer; mais cela est indifférent; car ce ceintre est de si peu de valeur: d'ailleurs, pouvant dégrader les murs en-dedans, j'ai pris le parti de le laisser brûler par le feu, lorsqu'on allume le foyer. Le moindre maçon peut donc faire aisément ce ceintre, en lui donnant environ six pouces de montée ou flèche.

Avant de poser ce ceintre, il faut que l'on procede à tout l'intérieur: le maçon commencera donc à carreler sur le fond, entre les murs qu'il vient de faire, parce qu'autrement, il n'auroit plus la même facilité, s'il lui falloit travailler en-dedans du chauffoir par l'ouverture de sa bouche : l'on sait d'ailleurs l'embarras qu'ont tous les carreleurs; lorsqu'ils réparent l'âtre des fours, par la posture la plus gênante, pour pouvoir se tenir sous la courbure très-basse de ces constructions. D'après quoi, je répète que le maçon doit profiter de la commodité qui se présente à lui, pour parachever tout l'intérieur de son chauffoir, avant de poser son ceintre, et d'y faire dessus sa voûte.

Mais ce carrelage ne doit pas se poser immédiatement sur le fond du chauffoir; j'en ai senti la nécessité, et toutes personnes judicieuses jugeront de même, qu'il faut doubler ou renforcer l'épaisseur de ce fond, jusques à un certain point. Cette juste proportion est encore une des merveilles de cette simple invention. Si l'on fait l'épaisseur du fond de ce foyer trop grande? il en résultera, que la chaleur se concentrera dans sa capacité, et ne se répandra pas suffisamment dans la chambre! Si, au contraire, on plaçoit les carreaux immédiatement sur les briques ou sur la dalle en pierre de taille? alors la chaleur se dissipant trop promptement, n'échaufferoit pas les personnes jusqu'au milieu de la nuit, et l'on seroit obligé de mettre du bois dans ce foyer deux ou trois fois chaque jour! C'est d'après ces résultats que les connoisseurs jugeront, que mon nouveau chauffoir, qui paroît peu de chose aux yeux du vulgaire, a le plus grand mérite, soit parce qu'il est facile à exécuter, soit parce qu'il est d'un prix le plus modique pour sa construction, et pour la dépense du bois, et qu'il n'exige que des combinaisons.

En jettant les yeux sur la planche 2e, fig. 4 et 5, on reconnoîtra la juste épaisseur du fond de ce foyer. D'abord on a les briques du fond B de deux pouces d'épais, ensuite une couche de terre à four, sur laquelle le maçon a étendu des tuileaux, et sur ces derniers, une seconde couche de terre à four, enfin sur cette derniere couche sont posés les carreaux de l'âtre. Tous ces rangs de briques, de terre, de tuileaux et de carreaux ne forment cependant qu'une épaisseur de quatre pouces. En examinant plus loin, on voit par la fig. 5, que cette épaisseur s'augmente jusqu'à cinq pouces au fond de l'âtre, au moyen de la pente d'un pouce que j'ai donné au carrelage: voyez cette plus grande épaisseur à la lettre D.

Trois causes m'ont engagé de donner cette pente d'un pouce au carrelage: la première pour avoir quatre pouces et demi d'épaisseur moyenne pour le fond de ce chauffoir, afin de lui conserver, et de lui laisser échapper en même-tems sa chaleur, comme aussi, afin qu'on y puisse faire cuire toutes sortes de mets ; la seconde, pour pouvoir retirer facilement de dessus son âtre, les plats et les terrines que l'on enfourne dans ce foyer ; enfin la troisieme, pour balayer aisément les cendres, et en diminuer la quantité lorsqu'il y en a trop.

Il est incontestable, que si cette épaisseur du fond de ce chauffoir n'étoit pas justement proportionnée, on n'en retireroit pas la quantité d'avantages, dont j'ai présenté ci-devant les exemples ? Car qui ne conçoit pas qu'un pareil chauffage, où l'on n'éclaire le feu qu'une seule fois dans la matinée, où l'on ne brûle du bois qu'une seule fois dans la journée, et où les flammes et le feu ne durent que pendant deux heures ou environ ; qui ne conçoit pas, dis-je, qu'il faut à cette construction, quoique la plus simple, une étude réfléchie, pour échauffer nos pieds, nos mains et tout notre corps ; en même-tems pour faire cuire et rôtir toutes sortes de viandes et de denrées ?

Poursuivons ; lorsque le maçon aura carrelé l'âtre ; qu'il aura eu soin d'enduire les murs en-dedans avec le mortier composé seulement, de la terre à four ; qu'il aura enfin parachevé tout l'intérieur du foyer ? Il posera son ceintre en bois, qu'il étayera tout uniment avec des petites piles de briques ou de carreaux, ou s'il lui en manque, avec des petites bûches de bois. C'est sur ce ceintre qu'il bâtira sa voûte avec des tuileaux ou débris de tuiles : voyez cette voûte, planche 2e, fig. 4, à la lettre E.

Pourquoi des tuileaux ou tuiles cassées, plutôt que des débris de briques, pour faire cette petite voute ? C'est parce que les tuiles sont toujours mieux cuites que les briques, et que par-là elles sont plus capables de résister au feu le plus violent que l'on va faire continuellement dans ce chauffoir ! Cependant dans les villes et villages, où l'on pourra se procurer des briques parfaitement cuites, telles que celles que j'ai indiqué, et qui sont cirées, graissées ou presque noires par la violence du feu qui les a cuites, je conseillerai de se servir des briques de cette espece, pour faire la voûte dont il s'agit.

Toutes les fois que le maçon pose un tuileau sur une couche de mortier de terre, il doit l'appuyer par un coup ou deux de sa truelle, afin de ne laisser aucun vuide, pas le moindre interstice, ou la plus petite fente entre les rangs des tuileaux ! Lorsqu'il est arrivé au cerveau de la voûte, il place alors sur son ceintre plusieurs briques bien cuites, pour lui servir de clefs, après avoir taillé avec sa truelle chaque brique, ou chaque morceau de brique en forme de coin ! Après quoi, il resserre toutes ces clefs avec des tuileaux ou des éclats de tuileaux, en les enfonçant modérément, dans la crainte de ne pas renverser les murs du chauffoir. L'ouvrier sent assez jusqu'à quel point il doit forcer les clefs pour la solidité de sa voûte, et celui où il doit s'arrêter.

Un objet encore minutieux, mais essentiel pour les personnes qui n'ont pas des ouvriers intelligens, doit leur être connu : il faut faire poudrer le ceintre en bois d'une couche de décombres, ou de vieux mortier, ou de plâtre bien écrasés, dans l'intention de le bien sécher, et pour empêcher au mortier de terre de s'attacher à ce ceintre, parce que, si on n'avoit pas cette attention, lorsqu'on enleveroit le ceintre, ou bien lorsqu'on le laisseroit brûler sur place, comme je l'ai dit, il emporteroit avec lui la couche du mortier de terre, et laisseroit des creux à la voûte, fort désagréables, lorsqu'on la regarde par-dessous.

Maintenan

Maintenant j'observerai que le maçon doit poser et maçonner, en construisant sa voûte, le petit bout de tuyau de terre cuite marqué F, fig. 5. Ce soin est très-important, parce que l'on sait que tout tuyau de tôle, qu'on fait entrer dans les poëles et les tuyaux de cheminées, laisse à son pourtour des petites dégradations fort incommodes où la fumée passe et se répand dans l'appartement; quelle précaution que l'on prenne de réparer souvent ces fentes, qui se manifestent autour des tuyaux de tôle ? toujours le mortier, le plâtre ou la terre qu'on y introduit se fend et tombe ! il n'en est pas de même des tuyaux de terre cuite qui font corps avec la maçonnerie; d'ailleurs, ceux-ci ont des feuillures ou rebords sur lesquels le premier tuyau de tôle repose, de manière que ce petit ouvrage, ainsi que je l'enseigne, est fait pour la plus longue durée, et n'est point sujet à cette réparation continuelle.

La voûte fermée, le maçon finit de monter les murs du chauffoir jusqu'à son extrados, comme le représente la fig. 4; après quoi, il étend sur toute la superficie de cette voûte une forte couche de mortier de terre; voilà l'ouvrage du maçon terminé, et on fait placer aussi-tôt les tuyaux de tôle pour conduire la fumée hors de la chambre; voyez ce tuyau fig. 5, à la lettre G.

Il me reste à observer que, pour faciliter encore l'écoulement de la fumée, j'ai donné un peu d'inclinaison en dedans du chauffoir; voyez au fond de l'âtre, cette inclinaison dans la fig. 5, marqué par H. Ce sont des petits soins que le bon sens dicte aux ouvriers, mais que je ne saurois omettre ici: comme aussi de poser la petite tablette I, en bâtissant les murs, marquée dans les fig. 1, 3 et 5 : cette tablette sert pour enfourner les plats, terrines et autres; y recevoir la porte, en un mot y reposer les cafetieres au-devant de la bouche de ce chauffoir, et je ferai encore remarquer les deux soupapes K, placées au tuyau de tôle, dans le but que si la plus près du chauffoir laissoit échapper un peu de chaleur, la seconde soupape plus haute pût la retenir entiérement. Enfin, je terminerai par dire que j'ai donné plus de largeur au coude L, afin de donner plus d'ouverture dans cette partie de tuyau et y empêcher le ramas de la suie.

C'est dans cet état que l'on met le feu à ce chauffoir cinq à six jours après qu'il a été construit, à l'effet de faire évaporer le reste de son humidité. Mais le maçon n'abandonne pas sa construction, sans au préalable avoir lié avec une grosse corde le corps de son foyer, qu'il serre suffisamment au moyen d'une petite bille ou bâton. Cette précaution n'est pas indifférente, parce que la voûte fraîchement faite, pourroit, par sa pesanteur, pousser les murs en dehors, qui ont si peu d'épaisseur pour résister à sa poussée : au reste, cette petite opération est si peu de chose, qu'on auroit tort de l'épargner; car si-tôt que le feu a été mis au foyer, et que l'on prévoit que la voûte a acquis beaucoup de légéreté par sa parfaite dessication, on délie la corde, et l'on est tranquille sur la solidité de ce chauffoir.

Lorsque l'on est assuré qu'il n'existe plus la moindre humidité dans le corps de ce foyer, après y avoir fait un petit feu pendant une semaine, on fait carreler sa superficie supérieure avec de grands carreaux de terre cuite; ou bien ceux qui voudront faire plus de dépense, y feront poser plusieurs carreaux de pierre, même une dale polie d'une seule piece. Mais en employant la pierre ou le marbre pour couvrir ce chauffoir, il faut la séparer de la voûte de deux pouces au moins; autrement on risqueroit de voir ces matieres minérales fendre ou casser ! À cet effet, on pose la table de pierre ou de marbre sur de petites piles de terre grasse ; et en divisant ces piles exactement, on obtient des ouvertures symmétriques, qui augmentent la décoration ! On est exempt de cette précaution, lorsqu'on carrele ce foyer, comme on le voit dans la planche 1re, aux fig. 2, 3, 4 et 5, à la lettre O ; et comme on peut le voir encore dans mon chauffage économique, planche 1re, fig. B, où pour la plus grande économie, je n'ai pas même donné de saillie aux carreaux. Mais on ne sera pas surpris, lorsqu'on se rappellera la détresse où je me trouvai alors, qui m'obligeo't à user d'une extrême économie : ainsi donc les pauvres gens pourront se procurer ce nouveau moyen d'échauffer à bien peu de frais la capacité des greniers où ils logent ; et il leur en coûtera beaucoup moins de faire construire ce nouveau chauffoir avec quelques briques, que d'acheter toutes les années un de ces petits fourneaux de terre cuite ; fourneaux, il est vrai, de peu de valeur, mais qui sont si incommodes, soit par l'odeur des charbons, soit par la fumée, soit par la dépense considérable du bois et des charbons que ces petits foyers consomment ; qu'on y ajoute le désagrément de n'y pouvoir faire cuire tous les mets, et l'impossibilité d'y faire chauffer les familles.

Les pauvres gens peuvent user de ce chauffoir sans enduit, lorsqu'ils l'auront fait carreler dessus, comme je viens de le dire ; mais pour ceux qui désireront l'orner, je dois leur mettre sous les yeux plusieurs méthodes, dont je me suis servi, aidé d'un peintre, natif de la ville de Lyon.

Ce peintre a voulu se procurer un agent pour mieux faire tenir l'enduit du dernier chauffoir que j'ai construit dans la salle de mon nouvel appartement : En conséquence, il a mis dans un pot contenant un peu plus d'une demi-bouteille, demi-quarteron d'alun et demi-quarteron de couperose blanche, avec une bonne pincée de sel commun ou de ménage ; il a fait infuser ces sels, près du feu, dans de l'eau qui surnageoit dans un baquet sur de la chaux qui y étoit au fond ; c'est ce qu'on appelle de l'eau de chaux. Lorsque tous ces sels ont été entièrement fondus, nous avons pris trois litrons de terre à four, avec un litron et demi de chaux éteinte depuis environ dix-huit mois : (chaux vieille, dont j'ai conseillé d'avoir toujours une provision chez soi, dans mon premier traité sur l'architecture rurale, pour servir à mille occasions, comme à celle-ci.) Nous avons broyé ces deux matieres minérales, sans y ajouter une seule goutte d'eau ; lorsque l'amalgame a été parfait, le peintre y a ajouté un verre plein de son eau, où ont été infusés les sels ci-dessus, et l'on a de nouveau broyé ; ensuite nous avons pris deux litrons de plâtre passé au tamis fin, que l'on a détrempé avec de l'eau ordinaire ; à l'instant nous avons versé, dans l'auge, la terre et la chaux broyée, pour gâcher le tout ensemble : c'est alors que le maçon a posé cet enduit sur une des faces de mon chauffoir, et après l'avoir bien lissé, bien poli, le peintre s'est mis à peindre à la fresque, c'est-à-dire, sur l'enduit tout frais, afin de faire incorporer ses couleurs dans l'enduit, et de les faire sécher ensemble ; car il n'y a eu ni colle ni huile dans les couleurs, elles ont été simplement délayées, avec de l'eau pure.

Nous avons pris ensuite trois portions égales soit de sable, soit de poussiere de tuileaux pilés et passés au tamis fin, qu'on nomme improprement *ciment*, et soit de la même chaux éteinte depuis dix-huit mois : Nous avons broyé ces trois matieres ensemble, toujours sans addition d'aucune eau ; et lorsque la pâte est devenue un peu épaisse, le peintre y a ajouté un peu de son eau salée, expliquée ci-dessus : Alors le maçon a posé ce nouvel enduit sur une seconde face de mon chauffoir, et l'a de même bien lissé et bien poli avec sa truelle de cuivre ; de son côté, le peintre s'est dépêché à appliquer sa peinture sur ce mortier frais.

Pour la troisieme fois, nous avons encore pris la même quantité de sable, de poussiere de tuileaux et de chaux ; et le peintre son eau séléniteuse : mais nous y avons ajouté une égale portion de plâtre, et mis ces quatre matieres dans une auge, que l'on a gâché avec la simple eau que l'on ajoute ordinairement au plâtre. Le maçon a de nouveau posé cet enduit, et le peintre tout de suite ses couleurs, sur une autre face de mon chauffoir.

Enfin, nous avons broyé simplement de la poussiere de tuileaux avec de la chaux, mais augmenté le volume de chaux, à cause de l'aridité naturelle de la poussiere de tuileaux : lorsque la pâte de ces deux matieres a été épaisse, le peintre y a encore ajouté un verre de son eau, où ont été fondus l'alun, la couperose, le sel commun et l'eau de chaux : finalement le maçon a appliqué cet enduit sur la quatrieme face de mon chauffoir qu'il a de même lissé fortement avec sa truelle, et le peintre a posé ses couleurs sur cet enduit tout frais.

Il est bon de désigner ces peintures, dont j'ai fait les expériences exprès pour servir plus utilement le public :

La premiere face du chauffoir a été peinte en couleur de marbre blanc veiné, avec pilastres en marbre bleu turquin :

La seconde en marbre rouge de Flandre, avec pilastres canelés :

La troisieme en marbre jaune de Sienne veiné, et les pilastres en marbre rouge de Languedoc :

Et la derniere face, du côté de la bouche du chauffoir, a été faite de couleur brunie, à cause du peu de fumée qui peut noircir cette façade : C'est donc en imitant le marbre de Sainte-Anne, dont le fond est noir et veiné, que je suis parvenu à rendre analogue la peinture avec l'usage de ce foyer.

On prévoit que j'ai fait changer la nature grossiere de ce foyer en un objet charmant, puisqu'il imite le marbre ; et j'y suis parvenu avec une dépense bien modique : avec quelques litrons de chaux, de plâtre, un peu de sable et de poussiere de tuileaux, j'ai fait cet enduit ; et avec quelques sols de couleurs, je l'ai fait peindre.

Je dois exclure les autres petits frais des autres matieres que je regarde comme inutiles. D'abord, je pense que l'alun, la couperose, et le sel commun n'ajoutent rien à la solidité de l'enduit ; puisque celui que nous avons fait, pour la troisieme fois, paroît le plus uni, n'ayant aucune des petites gersures (il est vrai imperceptibles) qui se sont manifestées aux autres enduits faits par les autres procédés : En outre, on sait que les sels pétillent lorsqu'on les expose au feu ? le peintre n'a donc pas eu raison de penser que ces sels dussent servir à lier les matieres de l'enduit ! car le feu continuel, que l'on fait ordinairement dans ce chauffoir, doit assurément détruire la consistance de ces sels : au surplus, la chaux et le plâtre n'ont-ils pas eux-mêmes leurs sels ? est-il besoin d'augmenter la sélénite de ces deux grands agens ! je n'empêche qu'on se serve pour délayer la pâte des matieres amalgamées de chaux, de sable et de poussiere de tuileaux, et d'un peu de l'eau de chaux qui surnage sur de la vieille chaux dans un baquet ; je n'empêche même que l'on gâche avec cette eau de chaux la petite portion de plâtre qu'on y ajoute ? mais je ne conseillerai jamais d'insérer, dans les procédés des enduits, l'alun, la couperose et le sel ordinaire, encore moins la terre à four , par la raison que celle-ci n'a point comme le sable des millions de grains séparés et très-vifs, et par la raison aussi que sa nature terreuse ne peut jamais que former une pâte qui fend lorsqu'elle est employée; en un mot, la terre à four ne peut se lier intimement avec la chaux , comme le fait le sable , lorsqu'on les broye fortement ensemble. C'est pourquoi j'ai soutenu avec vérité que les pays qui manquent du vrai sable non terreux , ne sauroient se procurer du bon mortier pour bâtir , et que les habitans de ces contrées sont trop heureux que je leur indique l'art du pisé.

On vient de voir que l'enduit avec la peinture à fresque décore ces chauffoirs ; mais je dois aux pauvres gens la connoissance de ce qu'ils auront à dépenser : en conséquence je vais leur l'expliquer , afin qu'ils puissent faire bâtir ce chauffage économique.

Devis du Chauffoir économique dessiné dans la deuxieme Planche.

Nota. Cette évaluation est faite sur les matériaux que l'on vend à Paris, et où tout est plus cher que dans les autres villes, sur-tout dans la campagne.

Achat de 100 briques , à raison d'un sol la piece . . . . 5 liv.

36 grands carreaux , à cinq liards chacun 2 5

Une petite pierre pour la tablette au-devant de la bouche de ce foyer... 10

Un bout de tuyau de terre cuite .. 5

2 journées de maçon à quarante sols la journée 4

Une de manœuvre pour recueillir les tuileaux et la terre à four 1 10

La porte en tôle et son guichet avec sa poignée. 2

Une petite tringle de fer pour supporter les deux briques au-dessus de la porte ou bouche du foyer (voyez ces briques, planche 2.ᵉ, fig. 3, lett. M). 5

Les enduits et la peinture à fresque évalués à 4 5

La dépense totale de ce chauffoir pour la ville de Paris est de . . . . . 20 l.

On aperçoit que les pauvres citoyens de Paris, obligés par économie de se priver de la peinture , ne dépenseront qu'environ seize livres pour se procurer un chauffoir , avec lequel ils pourront exercer facilement leur métier et faire leur commerce, en même-tems qu'ils y pourront faire leur cuisine. Mais qu'on ne croie pas que ce foyer puisse les incommoder l'été , où l'on n'a aucunement besoin de se chauffer? il y a plusieurs moyens de se garantir de la chaleur que produiroit ce chauffoir dans cette brûlante saison! D'abord, il est rare de trouver des ménages qui n'occupent qu'une seule chambre : sur mille, à peine y en a-t-il deux qui ne possèdent pas deux pieces ; l'une pour se coucher , l'autre pour le travail : dans le premier cas, lorsqu'une ménagere voudra faire cuire ses mets , elle tiendra ses fenêtres ouvertes , et laissera, par là, à l'air libre la faculté de circuler dans la seule chambre qui lui sert pour faire sa cuisine et coucher sa famille; comme aussi, elle ouvrira les soupapes du chauffoir , aussi-tôt qu'elle en aura retiré sa soupe ou son rôti : Un autre moyen facile d'éviter la chaleur dans l'été ? c'est de faire boucher le dessous N de ce foyer avec de la terre grasse (voyez fig. 4, planche 2ᵉ): Ainsi, cette précaution, qui n'est point une dépense, n'obligera qu'à retirer cette terre dans l'automne suivant : Saison où il commence à faire froid, et Epoque où l'on sera bien charmé de pouvoir profiter de l'agréable chaleur de ce chauffage : Car il faut bien considérer que le climat de la France exige que nous fassions du feu neuf mois de l'année ; à peine, y en a-t-il trois où l'on ne se chauffe pas.

Mais pour les nombreux ménages dont l'usage journalier veut qu'on ait au moins l'espace de deux chambres contiguës ? On doit alors faire traverser le corps du chauffoir dans l'épaisseur du mur qui les sépare : voyez ce moyen, dans mon chauffage économique, planche III., page 25 et suivantes. D'abord, on usera des mêmes précautions que je viens d'indiquer pour se garantir des grandes chaleurs de l'été, et de plus, on tournera la bouche du chauffoir du côté de la cuisine ; alors la chambre à coucher sera sans incommodité, si l'on bouche, sur-tout, avec de la terre grasse, l'ouverture au mur de séparation qu'on aura laissée au-dessus et aux côtés du chauffoir, dans l'intention d'échauffer les deux pieces à-la-fois.

Rien ne sauroit préjudicier aux divers usages de cette invention : elle doit donc être généralement adoptée dans les autres villes : mais, c'est à la campagne où l'on doit sur-tout la mettre en pratique, avec d'autant plus de raison, que la dépense de sa construction sera infiniment moins considérable qu'à Paris, ainsi que dans les villes du premier rang.

Devis du chauffoir économique, dessiné dans la IIe Planché.

Nota. Cette estimation est faite sur le prix commun des matériaux, et des journées de la campagne.

	l.	s.
Achat de 100 briques, à raison de six deniers la piece.	2 l.	10 s.
36 grands carreaux, d'un sol a piece chacun.	1	16
Une petite pierre pour la tablette.		6
Un bout de tuyau de terre cuite.		4
2 journées de maçon, à 1 livre.	2	
La porte, en tôle	1	
La petite broche de fer		4

La dépense totale de ce chauffoir, pour la campagne, est de. . 8 l.

Si je ne fais pas entrer dans ce compte la journée du manœuvre ? c'est parce que, dans la campagne, il est aisé à chaque propriétaire de faire recueillir, dans le village ou canton, par ses domestiques, les tuileaux et la terre à four ! au reste, qu'on y ajoute cette journée ; qu'on augmente les prix de mon devis ; qu'on porte au plus haut dégré chaque article de la dépense de ce chauffoir ? toujours il en résultera une dépense si peu considérable, que ce seroit un crime de leze-nation de ne pas le faire exécuter ! oui ! le propriétaire, assez peu éclairé en ses intérêts, pécheroit contre l'humanité entiere, de ne pas s'empresser de faire construire dans son domaine ce chauffoir.

Que l'on apprenne ce que je viens de faire, moi seul, pour le bien de toutes les nations en général, car mon but est de servir tous les peuples, sans exception.

J'ai donc pris le parti d'accueillir le garçon de mon boulanger, et par mes caresses et des petites prodigalités, j'ai enfin obtenu la pâte d'un pain de deux livres, tout prêt à mettre à son four : nous avons enfourné ce pain dans mon chauffoir, et il y a cuit à merveille : le garçon boulanger en a été étonné ; j'ai profité de sa surprise pour l'engager à me fournir un autre pain du poids de quatre livres : mon défi étoit, que ce nouveau pain, plus gros, cuiroit dans mon foyer, en ne l'y enfournant qu'a midi, quoique le bois fût consumé deux heures auparavant : eh bien ! j'ai gagné la gageure, et le boulanger disoit, qu'il n'auroit jamais cru, qu'un si petit poële eût put faire le pain aussi-bien que les grands fours.

Faut-il que ce soit sur la fin de mes jours que j'aie découvert cette grande utilité ? Mais, qu'on me fasse jouir de mon invention ! que les habitans de la campagne s'empressent de me donner cette douce satisfaction pendant ma vie, puisqu'avec deux journées de maçon et quelques briques, en un mot, faut-il le dire, pour 4 à 5 livres d'argent sorti de leur poche, il leur sera facile de faire construire cette petite bâtisse au milieu de leur grande cuisine.

C'est-là où le grand-pere, la grand'mere, les tantes, les cousins et les petits-enfans, en un mot, où toute la filiation d'une famille qui se trouve ordinairement réunie sous chaque toît agricole, pourront se chauffer sans qu'il leur en coûte rien ; oubien, où ils pourront faire leur pain et leur cuisine, sans rien dépenser pour chauffer tant de personnes à-la-fois.

Je prends encore à témoin toute ma famille, et tous ceux qui me viennent voir, pour assurer aux habitans des villes, comme aux habitans de la campagne, de la réussite des expériences que j'ai faites dans mon foyer, entr'autres celle-ci, depuis que j'ai fait enduire et peindre ses murs.

Le vendredi 28 décembre 1791, le feu a été mis au chauffoir à huit heures du matin : pendant que le bois brûloit, mes enfans ont fait cuire des pommes de terre pour leur déjeûner ; on saura que c'est l'usage des Lyonnois, qui aiment ces pommes de terre cuites à l'eau, qu'ils appellent truffes, et dont ils ont fait la

culture plusieurs siecles avant les autres ci-devant provinces : A dix heures, les soupapes ont été fermées, ou à quelques minutes près, que le bois a été entiérement consommé ; et dans ce tems, on a mis de l'eau chauffer pour laver la vaisselle : à une heure, mon épouse y a fait cuire de nouveau des pommes de terre pour le dîner ; et lorsqu'elles ont été cuites à l'eau, elle les a encore fait fricasser dans le même chauffoir : à deux heures, à l'instant du dîner, elle y a fait cuire des œufs au miroir ; et après le dîner, on y a encore fait chauffer de l'eau pour laver la vaisselle : à trois heures ou environ, mes enfans ont inséré dans ce même chauffoir, un grand plat de pommes et poires : à sept heures, elles ont commencé à y mettre chauffer la fricassée des pommes de terre, et de suite elles ont fait cuire de nouveaux œufs au miroir pour le souper, puisqu'il a manqué un autre mets pour ce repas ; enfin, avant de nous aller coucher, on a mis des tranches de pain sur les carreaux de l'âtre pour les faire rôtir pendant le courant de la nuit, lesquelles tranches se sont trouvées parfaites le lendemain matin.

Voilà la nourriture entiere d'un jour qui a cuit dans ce foyer pour toute ma famille ; cependant il falloit apprêter, pour ce vendredi, les mets en maigre, lesquels, comme l'on sait, occasionnent plus d'embarras et plus de feu que les mets en gras ; nous n'avons néanmoins dépensé que six demi-bûches de bois de deux pouces et demi de diamettre ce qui fait trois petites bûches de la longueur odinaire des voies de bois : qu'on n'aille pas croire que nous y avons ajouté d'autre bois, seulement quelques copeaux pour allumer les bûches ! il est bien constant que le feu a été allumé à huit heures ; qu'il a été éteint à dix ; et que depuis ces dix heures du matin jusqu'à onze heures du soir, que nous nous sommes allés coucher, il n'a brûlé dans notre chauffoir aucun autre bois ! cependant on a vu que le long de la journée, même de la soirée, nous n'avons cessé de mettre des plats dans ce foyer et de les retirer, et que tous nos mets y ont cuit sans feu.

On est donc convaincu à présent que ce n'est que par l'effet de la forte chaleur concentrée dans l'intérieur de ce chauffage économique, que l'on y fait cuire tout ce que l'on veut ? y a-t-il jamais eu de pareilles commodités et de plus grandes économies !

La chaleur de ce chauffoir est si grande, qu'on ne pourroit le croire, si je ne rapportois un autre fait ?

J'ai fait faire un autre pâté, composé d'un très-gros dinde et d'une douzaine et demie d'alouettes, que l'on nomme à Paris du seul nom de *mauviettes*, quoique ce soit deux especes différentes.

Cette fois le pâtissier a été plus circonspect, et a voulu mettre beaucoup moins de bois qu'il n'en avoit mis le jour que son premier pâté brûla : il n'a donc employé que quatre demi-bûches de trois pouces de diametre, même moins, tandis que précédemment il en avoit usé six : lorsque ces quatre bouts de bûches ont été brûlés, il a jugé encore nécessaire d'essayer la chaleur de notre chauffoir : à cet effet, il y a inséré un petit gâteau ; celui-ci n'ayant pas brûlé, il s'est déterminé à enfourner le gros pâté : il étoit positivement onze heures et un quart, lorsque le pâtissier s'est retiré.

Eh bien ! pendant que ce pâté cuisoit, ma famille s'occupoit à ses différens ouvrages ; tout de même que s'il n'y eût rien eu dans son chauffoir : les allans et venans ignoroient, en se chauffant, et en s'appuyant sur le corps de ce foyer, qu'un pâté superbe cuisoit tout doucement près d'eux : lorsque je leur le disois, ils ne vouloient pas le croire et n'en étoient convaincus que quand je leur levois la porte pour le leur montrer. Ils en ont été si satisfaits, que tous se proposent de posséder bientôt un pareil chauffoir, si les malheureuses circonstances de notre pays pouvoient le leur permettre dans ce tems où j'écris.

Ce n'est qu'à quatre heures du soir que mon épouse a retiré le pâté : Il avoit une bien belle couleur et étoit parfaitement cuit. On voit qu'il a fallu quatre heures trois quarts pour cuire ce pâté ; mais qu'importe cette longue durée, lorsqu'on n'est point pressé, qu'elle ne coûte rien et qu'elle dépense moins de bois ! toutes les familles, pauvres ou riches, ne seront-elles pas bienheureuses de pouvoir jouir de la plus douce température d'un appartement, dans le tems même qu'elle leur sert pour faire leur cuisine !

Ah ! qu'on ne pense point que je veuille induire en erreur le public, et que je me serve d'un mensonge ! pour connoître les principaux avantages que l'on peut retirer de mon chauffoir économique, j'ai fait encore une autre expérience, afin de ne point me tromper moi-même, et pouvoir dire à mes contemporains et à la postérité, je ne vous assure pas d'une chose qu'il est possible de faire, mais je vous l'assure, parce que je l'ai fait, et que je l'ai moi-même éprouvée. En conséquence, j'ai engagé mon épouse à faire rôtir du café, dans notre foyer, ce qu'elle se seroit empressée d'exécuter aujourd'hui 1er janvier 1793, si elle n'avoit pas eu son dîner à faire cuire dans le chauffoir : ce n'est donc qu'à deux heures qu'elle a pu faire cette opération ? malgré que le feu ait été éteint à dix heures du matin, le café, quatre heures après, a beaucoup mieux rôti dans ce foyer, qu'il ne le fait ordinairement dans tous les cylindres des limonadiers de Paris, que l'on nomme cafetiers en province. On sait que le café brûle le plus souvent, lorsqu'on le fait rôtir sur des réchauds de charbons ardens ; on sait pareillement que les garçons de café sont obligés de faire cet ouvrage hors de la maison, pour ne pas s'exposer avec tous ceux du logis à l'odeur mortelle des charbons en feu : Eh bien ! nous n'avons eu ni cet inconvénient, ni n'avons été exposé à ce grand malheur ! le café n'a point été brûlé et a parfaitement rôti, au moyen de la seule attention de le retourner plusieurs fois dans la casserole où il étoit.

Voilà donc encore une découverte qui intéresse les amateurs, sur-tout les dames; elles auront l'avantage de pouvoir préparer elles-mêmes leur café, pour l'avoir bien propre et bien rôti : c'est, comme l'on sait, une occupation qu'elles aiment tant : celles qui voudroient éviter l'embarras de se servir d'une casserole, pourroient avoir un petit cylindre posé sur quatre pieds dont l'axe traverseroit le dehors du foyer par le guichet de la porte : alors il leur seroit facile de tourner ou de faire tourner ce cylindre, et par-là, elles n'auroient plus le soin de retirer plusieurs fois la casserole pour retourner le café. Les dames, en un mot, qui ont un si grand plaisir à faire elles-mêmes leur déjeûner, auront ici toutes les facilités d'y procéder : soit thé, soit café, soit lait, soit rôties au sucre, au beurre, soit généralement tous les mets délicats pour ces repas familiers que l'on prend le matin, peuvent très-bien s'apprêter dans ce chauffoir ; et il n'est pas à craindre que les mains délicates du sexe qui les emploient, s'alterent et se salissent, puisque ce petit office n'emporte point avec lui les mal-propretés des cuisines, et que par la forme de ce foyer, on a les ordures cachées dans son âtre : il n'en est pas de même des cheminées, où il faut toujours avoir

la balayette à la main pour nétoyer le parquet, et où les cafetieres, les théieres et tous vases se renversant au moindre petit volume qui se rencontre sous eux, causent un dérangement considérable aux personnes qui sont près du feu : il n'arrivera donc plus de ces petits accidens inquiétans avec mon chauffoir, puisque l'âtre où reposeront les cafetieres et autres, est fort uni, sans charbons ni cendres, étant, ceux-ci, repoussés au fond du foyer.

Indépendamment de ces facilités, de ces agrémens et de ce plaisir sensuel, disons-le franchement, lorsqu'on est chaud par-tout le corps, et indépendamment de ces épargnes, il est une autre économie fort importante à se procurer, ainsi qu'un grand ennui à éviter; les voici :

Les chenets, soit de chambre, soit de cuisine, sont incommodes; ils sont chers, et sujets à des réparations continuelles : il faut de plus, au devant des cheminées, des foyeres de pierre ou de marbre, pour séparer l'âtre du parquet en bois, dans la crainte que le feu ne se mette à ce dernier : il faut encore un contre-cœur, ou de fer, ou de briques, ou de pierre de grès au fond de la cheminée : il faut aussi des pinces, des pelles et des bras, ou agraphes, aussi en fer et cuivre, pour les entre-poser : il faut enfin, à presque toutes les cheminées, ou une bascule, ou des ventouses pour se garantir de la fumée; en un mot, il faut des inventions de toutes les manieres, pour pouvoir jouir du feu que l'on fait aux cheminées, et encore tous ces moyens sont-ils insuffisans.

Mon seul chauffoir dispense de toutes ces constructions et de tous ces ustensiles : et je me rappelle que les chenets sont tellement gênans, qu'un homme d'affaires n'avoit trouvé d'autre moyen pour s'en délivrer, que celui de ne plus s'en servir; il en fut si satisfait,

qu'il

qu'il jugea à propos, en 1784, d'insérer dans le journal de Paris, le bienfait qu'il en retiroit; il y vanta sa nouvelle jouissance, en disant qu'il avoit la liberté, par la suppression des chenets, de pouvoir faire son café, son chocolat, son thé, sans plus avoir le regret et l'ennui de les voir épancher. Mais posant sur les cendres mêmes, ses cafetieres et autres vases, on doit juger qu'il n'en étoit pas exempt, et qu'il avoit autour de lui une malpropreté bien grande : enfin cet homme-de-lettres invitoit le public à suivre sa nouvelle méthode, et lui assuroit qu'il avoit gagné plus de chaleur par l'amas des cendres dans le foyer, en même-tems qu'il consumoit beaucoup moins de bois.

Voilà une personne qui vouloit déjà se dégager de l'incommodité des chenets : je n'ignore pas la cause physique qui les a fait inventer; cependant j'ai voulu que mon chauffoir fût sans chenets, comme sans grille, même j'y ai supprimé le cendrier que l'on met ordinairement à tous les poêles, et les poëliers croiroient faire une grossiere faute, s'ils supprimoient le cendrier à un poële, comme les cuisiniers s'imaginent que l'on ne peut faire du feu sans chenets.

Pour prouver aux uns et aux autres, la possibilité de faire du feu sans chenets, je les renvoie aux feux que font les bergers dans la campagne, et à ceux que les savoyards font au coin des rues de Paris : ces hommes sans sciences, mais doués de l'intelligence naturelle, savent disposer si bien le bois, qu'ils le font brûler à merveille : non-seulement ils l'échafaudent, mais ils tournent la plus large ouverture du côté que le vent souffle. C'est le même principe dont je me suis servi pour

faire brûler le bois dans mon foyer; ainsi je conseille aux architectes, maçons et amateurs, de disposer l'entrée ou bouche de tous les chauffoirs qu'ils feront construire, du côté de la porte qui doit desservir la chambre, salle ou salon; et lorsqu'il y aura deux portes d'entrée et de sortie pour la même piece ou chambre ? alors je suis d'avis qu'ils placent la bouche du foyer en face de la porte qui se trouvera du côté du nord, comme le vent le plus vif, le plus égal et le moins impétueux, en un mot, comme le vent qui fait le mieux brûler les matieres combustibles.

Je dois prévenir les personnes qui ne peuvent venir voir le chauffoir que j'ai bâti dans mon nouvel appartement, que j'ai suivi ce principe, quoiqu'il m'eût été plus commode de placer sa bouche du côté du midi; c'est ce qui m'a obligé de faire retourner le tuyau de conduite, pour la fumée, du côté du nord, parce que la cheminée et son tuyau se sont trouvés de ce même côté; de maniere que la bouche est au nord, ainsi que l'issue de la fumée, quoique l'ouverture du tuyau soit au fond du chauffoir, du côté du midi. Par cette précaution innocente, mais qu'on auroit tort de négliger, le feu s'allume tous les jours, on ne peut mieux, dans notre chauffoir, quoique le bois soit posé immédiatement sur son âtre : le seul soin que nous avons, consiste à mettre la plus grosse bûche en travers, et les autres dessus : on sent que quatre à cinq demi-bûches, qui portent d'un bout sur les carreaux de l'âtre, et de l'autre sur la bûche en travers, laissent un espace ou un vuide où l'air peut parcourir pour faire enflammer le bois, nourrir le feu et l'entretenir. C'est avec ardeur que le bois brûle dans notre foyer; lorsqu'il est avancé de brûler, nous soulevons

H

la bûche en travers sur des débris des autres; laquelle bien séchée, échauffée et charbonnée en feu, s'enflamme promptement, et bientôt tout le bois, étant réduit en charbons, termine sa fin, et celle du feu que l'on fait cette seule fois dans toute la journée.

Mon nouveau foyer exempte donc comme l'on voit, des pinces, peles, agraphes, chenets, foyeres, contre-cœurs, bascules, ventouses, tuyaux de chaleur; en un mot, il exempte de tout ce qui est d'usage pour pouvoir jouir des cheminées. Le seul ustensile qui lui est nécessaire, consiste en un petit fourgon de fer, ou petite tringle de fer, qui a un crochet, à l'effet de repousser les charbons au fond de l'âtre, et de les couvrir de cendres, comme aussi de soulever le bois au feu; enfin avec ce seul fourgon, on fait tout ce qui est d'usage avec quantité d'autres ustensiles pour le feu des cheminées.

Mais moi véridique, je ne saurois dissimuler le défaut de ce chauffage économique: il ne se trouve point heureusement dans l'objet si désiré de l'économie, ni dans celui de la comodité ni de la propreté, ni même ne dérange point la décoration de ce chauffoir; c'est dans un penchant qu'ont certaines personnes de tisonner le feu, que l'on prétendra rencontrer ce défaut.

Ma maniere d'échauffer les maisons, prive, il est vrai, de ce plaisir: mais en est-ce véritablement un de fourgonner le feu? N'est-ce point un tic dont on contracte l'habitude? D'autre part, l'ardeur des charbons en feu, qui lancent continuellement une fourmillée de dards au visage et aux autres parties du corps, sont-ils si agréables pour ne pas se priver de la fantaisie de tisonner? La douleur que l'on ressent par ces piquures étincelantes dans les parties de la chair que l'on présente au feu, ne doit-elle pas engager les personnes raisonnables à ne plus voir le feu? Et la santé ne doit-elle pas être préférée, malgré les sentimens des critiques qui voudroient soutenir que les feux apparens des cheminées sont plus agréables que mes chauffoirs? Car il est certain que la respiration du nez et de la bouche n'est que trop exposée aux étincelles imperceptibles qui sortent à tout instant des charbons et des flammes; comme aussi il est certain qu'une personne sédentaire auprès de son feu, se séche trop la poitrine, et à la fin tombe malade sans en savoir la cause.

Je vais plus loin, et tout me le fait présumer; je dis donc que beaucoup de personnes sont devenues aveugles, pour avoir trop exposés leurs yeux à l'ardeur du feu des cheminées: Ces parties si délicates de notre corps sont tellement altérées par les jets des millions de parcelles ignées qui sortent des flammes et charbons en feu, et viennent tellement frapper sans cesse nos membranes visuelles, que l'on y ressent une douleur vive, toutes les fois qu'on s'approche trop du feu?

Ah! il est bien constant que les fibres des yeux se séchent à la longue, se racornissent, et font perdre la vue aux personnes qui sont obligées de se tenir trop long-tems auprès des cheminées! C'est sans doute pourquoi les vieillards toujours obligés d'être autour des feux d'usage que l'on fait à ces misérables cheminées, deviennent souvent aveugles! Et c'est aussi pourquoi les ouvriers qui travaillent aux fours à chaux, à briques et autres, sur-tout ceux qui sont aux forges de fer, perdent de bonne heure la vue, pour avoir eu leurs yeux trop près d'un feu violent!

Qu'on ajoute à ces réflexions, celles que l'on a faites plus particuliérement à cause que les blessures étoient plus apparentes! On sait que les hommes qui n'ont rien pour se couvrir les jambes, y trouvent ordinairement à la fin de l'hiver es taches noires depuis les chevilles aux ge-oux ; et si j'étois médecin, je pourrois attri-uer certains maux de jambes que l'on a gagné uprès du feu pendant l'hiver, au moindre oup que l'on s'y donne, ce qui y occasionne es ulceres souvent incurables.

J'ai donc bien lieu de réfuter d'avance les ains argumens que quelques-uns pourroient aire contre mon chauffoir, par la seule raison que l'on n'y voit pas le feu : il me seroit facile de contenter le désir de ces gens insatiables, qui, comme le chasseur de la Fontaine, n'étoit pas content de tirer trois pieces de gibier dans un instant, il voulut encore en tuer un quatrieme, mais celui-ci mit à mort le chasseur lui-même. Il me seroit facile, dis-je, de faire voir le feu dans mon chauffoir : je ne donnerai certaine-ment pas ce moyen, parce qu'il devient presque inutile : le lecteur sent d'avance que ce plaisir ne seroit pas de longue durée, puisque le bois ne brûle dans mon foyer, que tout au plus deux heures. Laissons donc aux fantasques et aux prodigues le champ libre, et disons avec assurance qu'il vaut infiniment mieux pour tous les ménages, d'avoir le corps de chaque per-sonne entiérement chaud, depuis la tête aux pieds, ainsi qu'aux extrêmités des autres mem-bres, que de se les voir alternativement grillés et gelés : Terminons par dire que les dames ont encore plus intérêt que les hommes, à aban-donner le plaisir de voir le feu et de le tisonner, puisque ce sexe, quoiqu'il ait la partie infé-rieure du corps enveloppée d'habillemens qui l'exemptent de se brûler, a des incommodités particulieres qui exigent une chaleur perma-nente : c'est pourquoi les filles et les femmes ont tant besoin de chaufferettes ; mais j'ai déja démontré que mon chauffoir supprime tota-lement cet ustensile ou meuble si dangereux à

leur santé ; et j'ai déja assuré que mon épouse et tous mes enfans, grandes ou petites, n'en font plus aucun usage, et que depuis lors, elles se portent à merveille, sans engelures, en un mot, saines de corps et d'esprit : d'après quoi, j'abandonne au jugement des médecins, des bons architectes et de toutes les personnes éclairées, ma nouvelle maniere d'échauffer les appartemens, espérant que dans chaque pays, ils l'approuveront, et qu'ils feront leur possible pour détruire par-tout l'antique usage des cheminées. J'ai d'autant lieu de le croire, que les femmes conserveront, avec ma nou-velle maniere de faire du feu dans les appar-temens, leur peau infiniment plus blanche, que si elles continuoient à se chauffer près des che-minées : je suis encore bien fondé dans cette assertion ; car le feu, comme l'air, ternit assu-rément la couleur de la peau : ne se rappelle-t-on pas du tein olivâtre de ces artisans, cui-sinieres et autres, exposés au grand feu, où les oblige leur métier ? Ah ! sans doute ce vif élément durcit l'épiderme, et doit rider trop tôt le visage et les mains des dames, même des hommes qui séjournent long-tems auprès des cheminées !

On doit être à présent convaincu du tort que font les cheminées à la race humaine, et je ne crois pas qu'on puisse se refuser à quitter leur usage ; il est de l'intérêt de nos cheres compagnes, d'en montrer l'exemple, et de requérir leurs époux pour leur procurer ce chauffoir économique : je leur conseille, même, de combattre l'opinion des vieux architectes, et de leur prouver que ce chauffage écono-mique, est sous tous les points de vue, à pré-férer aux antiques habitudes de faire le feu aux cheminées ; mais si les ménageres rencontrent de ces artistes qui ne veulent point se sou-mettre à l'évidence de tant d'avantages, qu'

veulent au contraire toujours pratiquer leurs cheminées, je leur conseille alors d'être elles-	mêmes leur architecte, et de faire construire par un maçon, leur chauffoir économique.

L'ART D'ÉCONOMISER LE BOIS,

Ou dix procédés de feux économiques, avec quatorze planches ;

PAR JEAN HENRY SACHTLEBEN,

Traduit de l'Allemand, par J. GOY.

A Paris, de l'imprimerie de VALADE, 1792.

AVIS.

PENDANT que je travaillois à l'économie des ménages, on a mis en vente chez Didot, libraire, rue Dauphine, cet ouvrage : je le connoissois depuis long-tems, puisque la liste civile en a fait graver les planches : mais je ne m'attendois pas qu'on dût le publier ; et puisqu'on a osé le faire, je dois mettre sous les yeux du public les procédés et les principes de l'auteur, afin qu'il puisse les juger avec pleine connoissance : par ce moyen les Français, qui m'intéressent le plus, seront en état d'adopter la maniere de faire le feu de cet Allemand, s'ils la trouvent bonne ; ou de la rejetter, s'ils la trouvent insuffisante.

L'auteur annonce dix procédés de feu économiques pour lesquels il a fait graver quatorze grandes planches. Je vais en faire la description abrégée.

PREMIER PROCEDÉ.

Ce premier procédé consiste à élever les poëles de chambre, presque jusqu'à la hauteur du plancher supérieur, et à y construire deux, trois, quatre jusqu'à cinq tuyaux pour y faire circuler la fumée ; voici le raisonnement de l'auteur : la chaleur se détache de la fumée en parcourant cinquante pieds et plus, soit en montant, soit en descendant dans les tuyaux, et procure, par ce moyen, une plus grande chaleur dans l'appartement. D'après ce principe, il exige que l'on fasse les tuyaux de différens diametres et leurs petits murs de différentes épaisseurs, et que la progression des diverses mesures, soit en raison de leur éloignement de l'âtre où l'on brûle le bois ; pour raison de quoi il a fait graver cinq planches qui représentent chacune ces grands corps de tuyaux de six à neuf pieds de hauteur : tuyaux qu'il pose au-dessus d'un soubassement ou piédestal, ou plutôt qu'il pose au-dessus des

poëles ordinaires qu'on fait en France ; de maniere que la circonvolution des conduits que
nos poëliers font tout uniment dans le corps de
nos poëles, l'auteur allemand l'a fait au-dessus,
et produit par-là des masses énormes qui représentent les niches que l'on construit dans les
vestibules, anti-chambres et salles à manger :
mais nous adaptons chaque niche aux murs, et
l'auteur dont il s'agit, l'isolant, forme un corps
considérable qui embarrasse la chambre où il
est bâti.

La construction nécessaire pour ces grands
corps de poële, exige des briques qu'il faut
commander exprès aux fabriques, pour les
avoir de différentes mesures : plus, des tuyaux
circulaires pour l'impériale qui réunit la communication des conduits ; plus, des barres de
fer, de la fonte et du fer-blanc pour l'âtre, le
cendrier et la trape ; plus, et enfin, du ciment
ou mastic, avec des enduits, et tous les modeles
en bois ou en plâtre nécessaires pour la fabri-
cation de ces différens objets.

SECOND PROCEDÉ.

Celui-ci consiste à faire bouillir chaque
pot nécessaire à faire la cuisine dans un
corps de maçonnerie, en y enfonçant
en entier lesdits pots, et les fermant hermétiquement chacun d'un couvercle de
fonte ; mais pour leur procurer beaucoup de
chaleur avec peu de bois, l'auteur exige pour
chaque pot un cendrier et un foyer où sont
des barreaux de fer, une plaque de fonte posée
à la moitié de la hauteur du pot ; au moyen
de laquelle il force, dit-il, la chaleur à faire
deux fois le tour du pot, par des conduits
construits pour cet effet, d'où il tire encore
la conséquence que la chaleur se détache ainsi
de la fumée, et enfin ces conduits vont se

perdre à une trape posée au-desssus du corps
de maçonnerie.

Pour pouvoir jouir de ce procédé, il conseille de faire faire, par un menuisier, le modele du pot, d'après lequel on fondra le couvercle et la séparation, et il veut que l'on se
serve préférablement des pots de cuivre éta-
més, où si l'on veut économiser, il faut faire
faire un modele pour le faire fabriquer en terre
cuite, avec l'attention de faire ce modele
plus grand ; autrement les proportions seront
manquées, parce que la terre se retire en cui-
sant ; il faut dans tous les cas remplir le vide
avec un mastic convenable, où de la terre
franche. Prévoyant l'embarras du public,
l'auteur dit que l'on peut faire faire aux fabriques de poteries, des briques pour l'ouverture circulaire, d'après un modele donné, ou
bien se servir de fer-blanc pour cette séparation ; dans ce cas, employer le plâtre pour
garnir ; même couvrir l'âtre de plâtre, pour
y dresser les plats. Enfin, il exige une porte
de tôle avec leur cadre en fer, pour le cendrier et le foyer de chaque pot.

TROISIEME PROCEDÉ.

L'auteur a fait exprès graver deux planches
parfaitement semblables à celles que je viens de
décrire, mais qu'il attribue à une nouvelle maniere de faire chauffer les marmites ou les chaudieres : il exige de même une plaque de fonte
posée à moitié de la hauteur de la chaudiere
pour avoir deux circonvolutions de conduits
pour la fumée ; en un mot, c'est le même procédé que le précédent.

QUATRIEME PROCEDÉ.

Voici encore le même moyen qu'il emploie

pour la distillation de l'eau-de-vie, et pour laquelle il a fait graver une grande planche qui représente la même circonvolution pour les conduits de la fumée, qui doit économiser le bois. Ce chapitre est intitulé : *Chaudiere distillatoire économique.*

CINQUIEME PROCEDÉ.

Ici l'auteur traite de l'établissement d'une cheminée de chambre économique, et représente par une grande planche deux colonnes sur deux piédestaux qui flanquent deux corps de maçonnerie, au centre desquels se trouve l'âtre de la cheminée : ces colonnes, sans chapiteaux, de toute la hauteur de la chambre, se communiquent par un ceintre en tuyau, ou en canal, par où passe la fumée montante et descendante ; l'auteur s'explique ainsi : *la structure et la disposition de ma cheminée, tendent à faire trouver une espece de poële, qui néanmoins réponde au but et à la forme des cheminées.*

Je ne m'arrêterai pas davantage à la description de cette méthode, puisqu'elle est parfaitement semblable à la désignation que j'ai faite pour les poëles de l'auteur dans son premier procédé : je rapporterai seulement qu'il se sert toujours du principe, en disant, *que la fumée dépose si bien la chaleur, en parcourant plus de 60 pieds dans l'intérieur des colonnes et des corps de maçonnerie, soit en montant, soit en descendant, qu'elle échauffe beaucoup l'appartement ?* A l'égard des frais d'une pareille construction, on sent assez qu'ils sont dispendieux et embarrassans, puisqu'ils exigent une niche au-dessus du foyer, ainsi qu'une grande plaque de fer, et sur-tout un store, avec le modele des tuiles pour le creux des

colonnes qu'il faut commander exprès, ainsi que les briques.

SIXIEME PROCEDÉ.

L'auteur, par le même moyen, croit augmenter la chaleur des fours de boulangers, en plaçant sur leur voûte des conduits serpentaux, et pour ce, il a encore fait graver une grande planche, où sont désignés ces conduits, au-dessus de la calote des fours; mais le meilleur procédé qu'il donne pour augmenter la chaleur des fours, et que les Français savent aussi-bien que les Allemands, consiste à laisser un espace entre le plafond ou le plancher supérieur du fournil ou de la boulangerie, et le dessus du four, comme aussi à renfermer de murs cet espace, et le condamner par une porte que l'on n'ouvre que lorsque l'on veut faire sécher quelques denrées au-dessus du four.

SEPTIEME PROCEDÉ.

Il est inutile que je discute cet autre procédé de l'auteur, pour épargner le bois dans les brasseries, quoiqu'il veuille faire entendre par chaudiere carrée, une nouveauté : c'est toujours son seul et grand moyen de la circulation double des conduits, en plaçant une plaque de fonte à la moitié de la hauteur des chaudieres.

HUITIEME PROCEDÉ

Il a fait encore un autre chapitre pour les fourneaux distillatoires, et emploie pour le feu des alambics, la même circonvolution pour la fumée, dont il prétend toujours tirer beaucoup de chaleur.

NEUVIEME PROCEDÉ.

Autre et même procédé pour les fours à rôtir avec la même circonvolution, dessiné encore dans une planche qui fatigue la personne qui examine ces gravures toujours répétées.

DIXIEME et dernier PROCEDÉ.

Voici le seul dessin où notre auteur Allemand n'a pu employer ses conduits de chaleur : c'est une broche économique, placée au-devant d'une trompe construite en briques, et soutenue avec des barres de fer : par ce moyen la flamme parcourt forcément la saillie de la trompe, et cuit le rôti par-dessus : quand la flamme est passée, et le bois réduit en charbons, on avance la broche plus près du foyer, alors la réverbération du ceintre de la trompe cuit de même par-dessus le rôti.

C'est-là, lecteur, tout le résultat des dix procédés de l'art d'économiser le bois ; pour lequel ouvrage les officiers de la liste civile en faisoient graver les planches ; sans doute, parce que le roi de Prusse y avoit donné son approbation, et parce que ce monarque avoit récompensé l'auteur, indépendamment qu'il l'avoit déchargé des frais de l'impression et des gravures. Eh bien ! pendant qu'en France on favorisoit cette production Allemande, je m'épuisois à répandre une infinité d'exemplaires pour obtenir un secours, à l'effet de pouvoir continuer mon traité sur l'architecture rurale. Mais les intendans de la liste civile n'ont jamais voulu m'écouter : j'ai donc bien lieu de prier le public de comparer ma seule et unique invention pour épargner le bois de chauffage, avec les dix procédés de Sachtleben. L'on apperçoit que cet homme, qui se dit être à-la-fois fermier, boulanger, confiseur et distillateur, n'a pour principe que l'ascension de la fumée qu'il fait descendre, passer et repasser dans plusieurs conduits ou tuyaux, pour augmenter la chaleur d'un appartement, comme si la fumée seule y pouvoit suffire. Mais son erreur est trop sensible ; je me vois obligé de la discuter.

L'auteur dont il s'agit, avoue, dans sa maniere de faire une cheminée de chambre économique, que la fumée, obligée de monter et de descendre souvent dans l'intérieur de la cheminée, y dépose la chaleur si bien dans le cours de son voyage, qu'à l'endroit où elle sort dans le tuyau de la cheminée, elle n'en contient presque plus. Mais est-il bien vrai que ce soit le dépôt de la chaleur par la fumée qui cause ce refroidissement près de sa sortie dans le tuyau de la cheminée, ou plutôt n'est-ce pas l'éloignement de la place où le bois brûle ?

Le même a encore mis dans son ouvrage : Lorsque tout le bois est consumé, et qu'on a fermé la trape, on sent encore, l'espace de plusieurs heures, la chaleur qui pénetre par - tout le corps de la cheminée : il est donc bien constant, de l'aveu même de l'auteur, que ce n'est que pendant plusieurs heures, que la chaleur se perpétue dans l'appartement, et tout annonce que cette chaleur n'y existe qu'autant que l'on brûle du bois tout le long de la journée : tandis que par mon moyen, qui exempte de ces constructions multipliées, de ces différentes qualités de matériaux difficiles à se procurer, de tous ces modeles à préparer, en un mot, de tous ces frais et embarras, on n'est obligé de faire le feu qu'une seule fois dans la journée.

Il faut de la fumée pour échauffer le poële allemand, et moi je voudrois que le feu pût être sans fumée, parce que je n'échauffe mon foyer, que par le feu même ; car n'a-t-on pas vu que je ne brûle du bois que pendant deux heures sur vingt-quatre, et que je ne laisse les soupapes ouvertes que pendant ces deux heures, pour donner le passage à la fumée ? Ainsi je dégage véritablement le public de la fumée des appartemens, si incommode, si nuisible à la santé, même si ruineuse, puisqu'elle périt tous les linges, tous les effets, tous les meubles et tous les murs des logemens, soit décorés, soit les plus ordinaires.

La fumée, dit-on, dépose sa chaleur en parcourant les conduits serpentaux qu'on lui fait exprès pour son passage : mais quelle est la nature de la fumée ? Ce n'est absolument qu'une vapeur qui s'exhale du bois que le feu dévore ! Cette vapeur ou fumée ne peut absolument être occasionnée que par la siccité du feu : c'est cette siccité qui chasse toutes les globules humides répandues dans le corps du bois ; lorsqu'elles s'en sont toutes échappées, alors la fumée cesse, et le bois est réduit en charbon de feu.

Si l'on prétend que cette vapeur humide et chaude puisse échauffer un appartement, on pourroit en dire autant de l'eau bouillante ! C'est pourquoi un moine bénédictin avoit proposé le cylindre d'étain rempli de l'eau bouillante : mais ce moyen peut-il suffire à chauffer l'atmosphere de la plus petite chambre ?

Je puis dire avec vérité, que ce n'est pas la fumée qui chauffe les conduits serpentaux, et que ce ne peut être que l'air qui y est renfermé : oui, c'est cet air échauffé par le bois qui brûle dans le foyer, qui procure la chaleur aux tuyaux, et ceux-ci à la chambre : mais l'on sent que ces communications de la chaleur par le feu à cet air renfermé, sont bien foibles pour pouvoir échauffer les familles, en usant peu de bois, et l'on en reconnoît ici l'impossibilité.

Je n'ignore pas que les tuyaux de chaleur dans lesquels on fait entrer successivement l'air froid, pour le faire ressortir chaud d'un autre côté, puissent augmenter la chaleur d'un appartement : mais on ne sauroit profiter de cet avantage qu'en mettant continuellement du bois dans le foyer : car pour peu qu'on cesse d'alimenter le feu par du bois nouveau ? L'air traversant le corps du poële ou de telle autre construction qu'on pourra imaginer, ne ressortira alors plus chaud dans la chambre, par conséquent ne l'échauffera plus : donc que les tuyaux de chaleur ne peuvent servir à économiser le bois de chauffage ?

Les poëliers et tous autres qui se mêlent de faire des circuits dans le corps même des poëles, n'augmentent point, par-là, la chaleur que procure le feu qu'on y fait : ce sont des percés que l'on fait dans la masse de la maçonnerie, où l'air froid va refroidir le poële lui-même, et si l'on veut plus de chaleur, il faut augmenter la consommation du bois : en un mot, le feu est au centre, et les tuyaux de chaleur l'entourent : donc toutes ces séparations sont inutiles ? c'est, comme l'on voit, des saignées que l'on fait à l'ardeur du feu et qui l'épuisent ; comme la plupart des saignées que l'on fait le plus souvent mal-à-propos au corps humain : il vaut beaucoup mieux, lorsqu'on a trop de chaleur, dans une piece, diminuer la quantité du bois à brûler ; partant, je conclus que tout poële doit être fait tout simplement avec les justes proportions que j'ai donné; alors on sera sûr de se chauffer et de faire la cuisine à bon marché, comme on le sera de ne plus tant dépenser pour des constructions compliquées à l'infini.

Je prie maintenant chaque lecteur de décider, si je dois échauffer, plus que l'auteur Allemand, l'atmosphere de plus grand appartement, et si j'userai autant de bois que lui pour y parvenir.

A l'égard de ses autres procédés pour faire bouillir les pots de cuisine, marmites, chaudieres, et pour chauffer les fours, on a vu qu'il ne présente toujours que le même moyen ; mais plus expérimenté pour avoir construit moi-même, des chaudieres à lessive, et celles des teinturiers en soie de la ville de Lyon, ainsi que plusieurs petits fours de cuisine, même des fours de boulangers ; je puis assurer qu'en ce qui concerne les chaudieres, ce ne sera jamais la circonvolution de la fumée qui les fera bouillir, mais le feu lui-même ; car, à quoi servent ces sinuosités autour des chaudieres ? pourquoi ne pas les laisser nues et suspendues par leurs cercles supérieurs, afin de faire flamber le feu tout autour des chaudieres ? par ce moyen la flamme s'élance dans toute la superficie extérieure de chaudieres jusqu'au cercle supérieur.

L'on voit que toujours la méthode la plus simple l'emporte sur toutes ces constructions recherchées, et que bien mal-à-propos l'on se tourmente l'esprit pour faire plus mal. Je ne dira rien du procédé de faire les fours par ce fermier et boulanger Allemand ; car qui n'apperçoit pas qu'il est peu au fait de l'art de bâtir par sa description & par ses gravures : mais je me propose d'en traiter lorsqu'il en sera tems.

DERNIER AVIS.

Mon imprimeur, en imprimant le présent ouvrage, a été frappé des avantages de mon nouveau chauffoir: son épouse a désiré en faire usage ; et leurs ouvriers imprimeurs ont pensé qu'il leur seroit plus favorable qu'un poële en fer qu'ils avoient. Ce désir unanime a fait heureusement pour eux et pour le bien public, élever ce troisieme modele de chauffage économique ; ainsi il en existe à présent dans la capitale trois : le premier au fauxbourg Saint-Honoré dans mon bureau d'architecture rurale, n°. 108 ; le second chez le citoyen Sauty, boulevard du Temple, en face de la maison de Beaumarchais, et le troisieme, chez les citoyens Vezard et le Normant, imprimeurs, rue des Prêtres, en face de la porte latérale de l'église Saint-Germain-l'Auxerrois, près le Louvre.

Comme ce dernier modele de foyer est plus au centre de Paris, il sera plus commode pour bien de personnes de l'aller voir ; il est construit au sein de l'imprimerie dont est question, et sert, quoique de moyenne grandeur, à chauffer tous les ouvriers, en même-tems à la citoyenne le Normant, à y apprêter la nourriture de sa famille.

Déjà cette ménagere y a fait cuire le bouilli, plusieurs rôtis et tous les petits apprêts, et son mari en profite aussi pour y faire secher mille petits objets de son imprimerie : mais c'est particuliérement son épouse qui est satisfaite d'un pareil chauffoir, parce qu'il ne lui dépense que très-peu de bois, et la petite consommation qu'elle en fait sert à deux usages à-la-fois, c'est-à-dire, à faire sa cuisine, et à chauffer son imprimerie.

FIN.

De l'Imprimerie de VEZARD & LE NORMANT, rue des Prêtres S. Ger. l'Auxerrois, vis-à-vis l'Eglise.

FAUTES A CORRIGER.

Après l'introduction, page 7 , seconde colonne , huitieme ligne. Au lieu de , *j'avois fait connoître en 1789* , lisez , *j'avois fait construire en 1789.*

Page 8 , sec. col. ligne 4 , au lieu de , *à l'abri des incendies , des maux de la guerre* , lis. *à l'abri des incendies et des maux de la guerre.*

Page 10 , premiere colonne , ligne 22 , lis. *Ah ! non sans doute !* même page et même col. ligne 32 , au lieu de , *onsommer* , lis. *consommer.*

Page 11 , ligne 2 , prem. col. au lieu de , *chaque mere de famille* , lis. *chaque pere de famille.*

Page 17 , pr. col. ligne 28 , au lieu de , *tous les espaces quelconquse* , lis. *tous les espaces quelconques.*

Page 27 , sec. col. ligne 23 , au lieu de , *sur les deux planches* , lis. *sur les t ois planches.*

Page 38 , prem. col. ligne 34 , au lieu de , *qu'on reculât* , lis. *qu'on retirât.*

Page 43 , sec. col. ligne 15 , au lieu de *plus vaste du double au moins* , lis. *plus vaste presque du double.*

Page 44 , prem. col. au titre , au lieu de , *construction d'un chauffoir dessiné dans la douzieme planche* , lis. *construction d'un chauffoir dessiné dans la deuxieme planche.*

Page 51 , sec. col. ligne 31 , au lieu de , *lasé lénite* , lis. *la sélénite.*

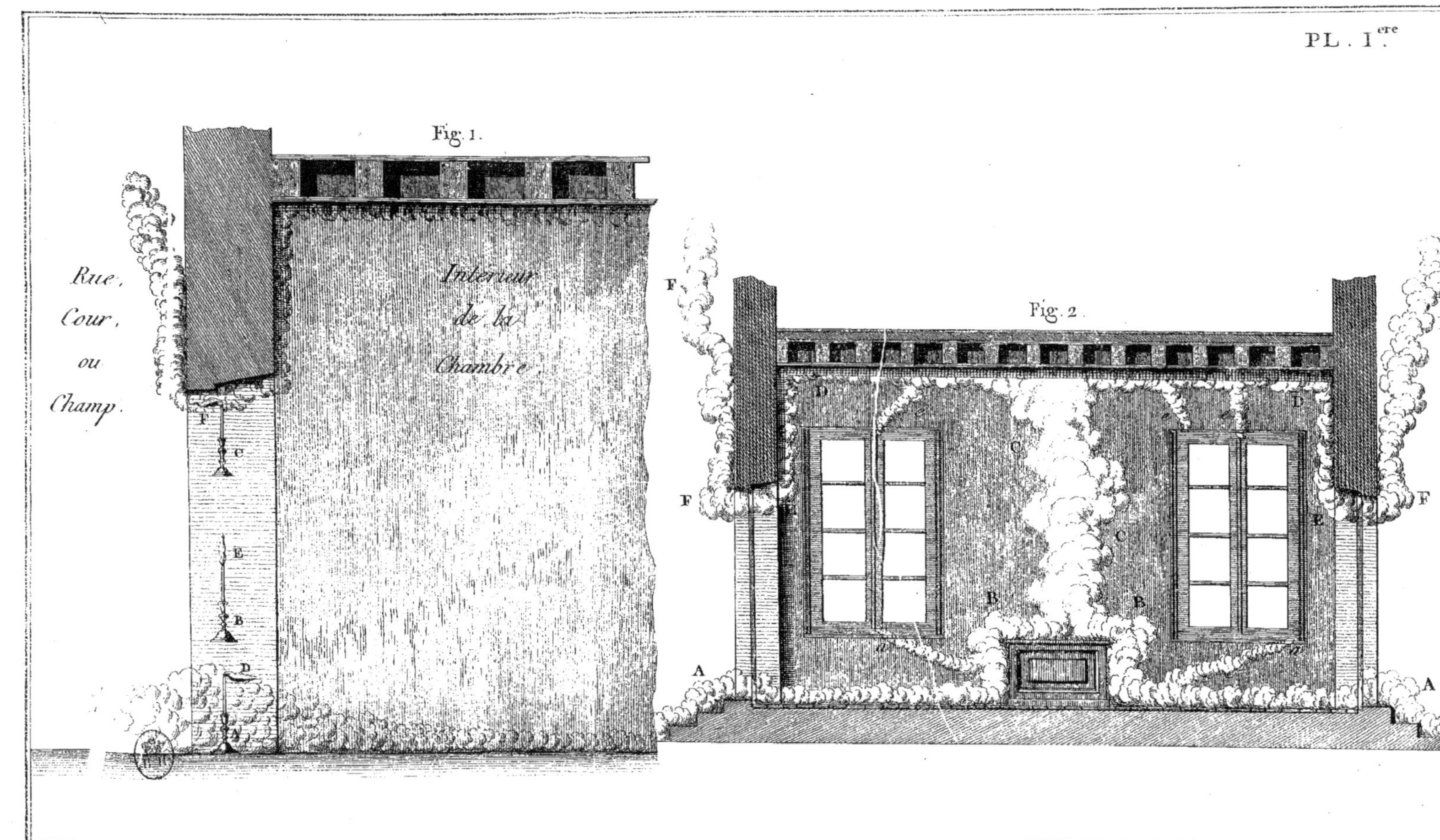

PL. I.ere
Fig. 1.
Rue,
Cour,
ou
Champ.
Intérieur
de la
Chambre.
Fig. 2.

Ap
1789
Pa
incen
Pa
lieu
Pa
P.
Pa
Pa
Pa
Fr
plan
Pa

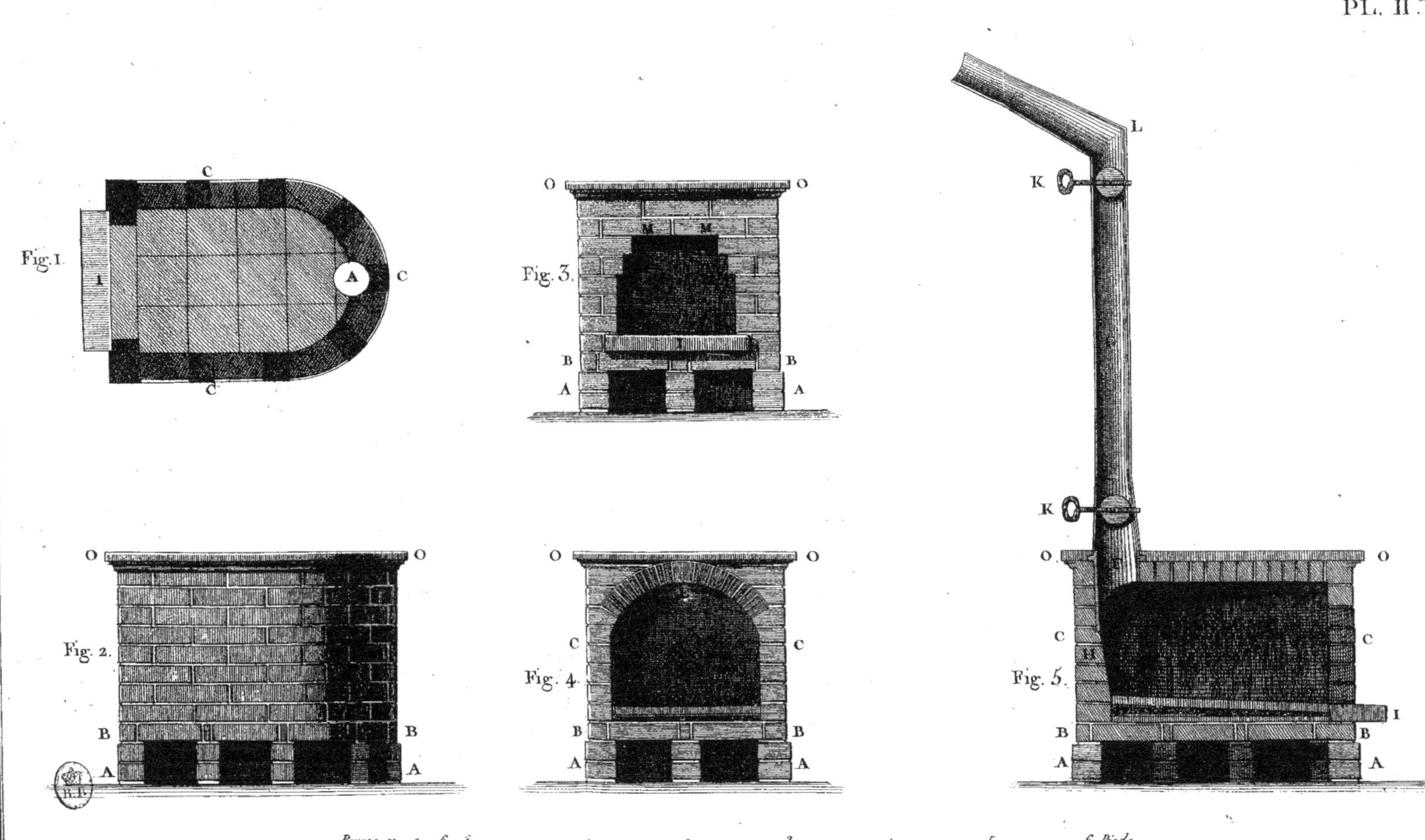

Pl. II.eme
Fig. 1.
Fig. 2.
Fig. 3.
Fig. 4.
Fig. 5.
Pouces 12 9 6 3   1   2   3   4   5   6 Pieds